stad

EMIEL ARENDS

zonder hoogte–vrees

city

without

fear

**DE ONTWIKKELING
VAN EEN EUROPESE
HOOGBOUWTYPOLOGIE**
THE DEVELOPMENT OF
A EUROPEAN HIGH-RISE
TYPOLOGY

of

heights

nai010 uitgevers/publishers

Voorwoord

Het is 125 jaar geleden dat in Rotterdam het Witte Huis werd gebouwd. Met zijn 43 meter hoogte een ongekend hoog gebouw voor die tijd. 'Amerikaanse toestanden in Rotterdam' kopte een krant bij oplevering. Sindsdien is de skyline van de stad onherkenbaar veranderd en inmiddels is het Witte Huis een middelhoog gebouw in de binnenstad. Het zou overigens na het Witte Huis nog enige tijd duren voordat er meer hoge(re) gebouwen bij zouden komen. Dat de verandering van de stad zich in slechts enkele decennia had voltrokken, werd mij pas echt duidelijk na een lezing die ik hield over de geschiedenis van de Rotterdamse hoogbouw. Na afloop kwam er een oude man naar mij toe die mij bedankte. Hij bleek glazenwasser van beroep te zijn geweest, en waste als jonge man op 30 meter hoogte de ramen van Rotterdamse gebouwen. Zijn collega's en hijzelf waren ervan overtuigd dat het waarschijnlijk niet veel hoger zou worden dan dat. Zijn laatste klus voor zijn pensionering was het wassen van de ramen van een gebouw van meer dan 100 meter hoog. Dit gesprek geeft weer hoe snel hoogbouw zich heeft ontwikkeld; in een mensenleven zijn we van 30 meter naar meer dan 100 meter gegaan. Dit betekent iets voor het aangezicht van de stad, maar betekent ook dat er in sneltreinvaart nieuwe kennis is ontwikkeld om deze ontwikkeling mogelijk te kunnen maken.

Het Witte Huis werd gebouwd naar voorbeeld van Amerikaanse wolkenkrabbers. Het telt elf verdiepingen, waarvan drie onder het schuine dak. Het is een kantoorpand, gebouwd van ijzer en cement. Destijds het hoogste kantoorgebouw van Europa.

The Witte Huis was modelled on American skyscrapers. It has eleven floors, three of which are under the sloping roof. It is an office building, constructed from iron and cement. At the time, it was the tallest office building in Europe.

Preface

It is 125 years since het Witte Huis (the White House), was built in Rotterdam. At 43 metres tall, it was a a building of unprecedented height for its time. 'American-style commotion in Rotterdam' was a newspaper headline when it was completed. Since then, the city's skyline has changed beyond recognition, and now the Witte Huis is a medium-rise building in the city centre. In fact, it would be some time after the Witte Huis before more tall buildings were added. It only really became clear to me that the transformation of the city had taken place in just a few decades after a lecture I gave on the history of Rotterdam's high-rise. Afterwards, an old man came up to me and thanked me. He turned out to have been a window cleaner by profession, washing the windows of Rotterdam buildings at a height of 30 metres as a young man. He and his colleagues were convinced it was unlikely to get much higher than that. His last job before retirement was cleaning the windows of a building more than 100 metres high. This conversation demonstrates how quickly high-rise has developed; in a single lifetime, we have gone from 30 metres to more than 100 metres. This means something for the appearance of the city, but also means that new knowledge has been developed at breakneck speed to make this development possible.

Het klassieke Hollandse bouwblok werd al in de Gouden Eeuw door Simon Stevin beschreven. [Simon Stevin, Huysbou, 1605]. De manier waarop we een bouwblok maken is algemeen bekend en het bouwblok wordt alom gewaardeerd. Deze kennis is echter waardeloos als er hoger moet worden gebouwd. Er is dan nieuwe kennis nodig. Denk alleen maar aan de manier waarop een toren moet blijven staan, aan het gebruik van de nieuwe bouwmaterialen die beschikbaar kwamen eind twintigste eeuw, en aan factoren zoals zon en wind, waarmee rekening moet worden gehouden. Ook hebben nieuwigheden tijd nodig om te wennen. Bij elk hoog gebouw in de stad was er in het begin kritiek op de hoogte en de stijl van de architectuur. Het is nogal een stap om van een gemetselde bakstenen gevel vol met ornamenten te gaan naar een gevel te gaan van gladde panelen, gemaakt door een fabriek voor treinwagonramen, die uiteindelijk de gevel van het Erasmus Medisch Centrum in Rotterdam zouden worden. Dit gebouw heeft inmiddels de gemeentelijke monumentenstatus.

Wat in korte tijd hoger bouwen in de stad ook heeft gebracht, zijn torens die met de kennis van nu op zijn zacht gezegd gedateerd zijn. Veel van de eerste echt hoge gebouwen hebben gebreken. De torens dragen allemaal bij aan de skyline

The classic Dutch building block was described by Simon Stevin as long ago as the so-called Golden Age [Simon Stevin, Huysbou, 1605]. The way we make a building block is widely known and the building block is greatly appreciated. However, this knowledge is worthless if we need to build higher. New knowledge is then required. You need only consider how a tower has to remain standing, the use of the new building materials that became available in the late 20th century, and factors such as sun and wind, which have to be taken into account. Also, new ideas take time to get used to. Every tall building in the city was initially criticized for its height and the style of architecture. It is quite a step to go from a masonry brick façade full of ornamentation to a façade of smooth panels made by a factory for train-carriage windows, which would eventually become the façade of the Erasmus Medical Centre in Rotterdam. This building now has municipal monument status.

What higher building has also brought in a short time to the city are towers that, with today's knowledge, are dated to say the least. Many of the first really tall buildings are

van de stad, maar iedereen kan in de binnenstad de plekken aanwijzen waar het eigenlijk altijd waait, of plekken waar de vuilcontainer altijd voor de deur staat, plekken waar niks te doen is omdat de hele begane grond geen functie heeft die uitnodigend is of een ander teken van leven geeft, of plekken waar je de tl-buizen kan zien hangen in de avond in de parkeergarages die boven op de eerste lagen zijn gezet. Maar al deze gebouwen zijn ook leergeld geweest, een voortdurende zoektocht naar wat goede hoogbouw zou moeten zijn voor Rotterdam. Lessen uit het verleden zijn weer input voor de nieuwe hoogbouwinitiatieven. En niet alleen kennis uit 'onze' eigen gebouwen, maar ook nadrukkelijk kijken en advies vragen van steden waar al meer ervaring was met het hoger bouwen in de bestaande stad. Dit boek is een overzicht hoe hoogbouw is gegroeid. Niet alleen een verkenning van de hoogte, maar vooral van welke inzichten en kennis hebben geleid tot steeds andere én betere hoogbouw in de stad. Rotterdam heeft altijd de blik vooruit gehad en is nooit bang geweest om nieuwe dingen toe te voegen in de stad. Zo ook het opzoeken van de hoogte. Een stad zonder hoogtevrees, maar wel stevig verankerd in de stad.

2010....

2000–2010

1965–2000

1900–1965

19ᴱ EEUW

flawed. The towers all contribute to the city's skyline, but everyone can point out the places in the centre where it is actually always windy, or places where the rubbish container is always in front of the door, places where there is nothing to do because the entire ground floor does not have any function that is inviting or gives another sign of life, or places where you can see the fluorescent tubes hanging in the evening in the car parks placed on top of the lower levels. But all these buildings have also functioned as lessons, in an ongoing search for what good high-rise for Rotterdam should be. Lessons from the past are in turn input for the new high-rise initiatives. And not just knowledge from 'our own' buildings, but also expressly looking at and seeking advice from cities where there was already more experience of building higher in the existing city.
This book is an overview of how high-rise has grown. Not just an exploration of the height, but in particular which insights and knowledge have led to consistently different and better high-rise in the city. Rotterdam has always looked ahead and has never been afraid of adding new things in the city. The same is true for reaching for the heights. A city without fear of heights, but nonetheless firmly rooted in the city.

GEB hoofdkantoor aan de Rochussenstraat in aanbouw, 1929. GEB headquarters on the Rochussenstraat under construction, 1929.

9

de geboorte van hoogbouw

the birth of highrise buildings

Van 15 naar 40 tot 60 meter hoog

Hoogbouw bestaat al heel lang. Denk aan Italiaanse steden als Bologna, dat al in 1109 torens bouwde van bijna 100 meter hoog, de steden in Georgië die ter verdediging torens bouwden in clusters van 50 tot 60 bij elkaar, aan Hyderabad (India), waar ze torens op huizen maakten als 'airco' of zelfs aan de bouw van torens in Isfahan (Iran) waarmee duivenpoep werd verzameld. Al deze voorbeelden hebben met elkaar gemeen dat ze zijn gebouwd met materialen die in de buurt voorhanden waren en dat ze niet bedoeld waren als woonruimte of werkplek. Hoogbouw was op veel plekken een dure en onpraktische aangelegenheid. Elke verdieping die op een gebouw moest worden gezet, betekende weer dikkere muren eronder. Dit steeds zwaarder wordende gebouw gaf weer problemen met de draagkracht van de bodem vanwege de ontbrekende kennis van de juiste fundering. Dit leidde ertoe dat hoog bouwen niet echt populair was.

Toen er vanaf de tweede helft van de negentiende eeuw een massale trek naar de stad ontstond, leidde dit automatisch tot ruimtetekort in de stad om al deze nieuwe inwoners te huisvesten. Gepaard met deze ontwikkeling rezen ook de grondprijzen de pan uit. De vraag naar woonruimte (en werkplekken) zorgde ervoor dat er nadrukkelijk ook naar de hoogte werd gekeken. Wat uiteindelijk het kantelpunt was voor het hoger bouwen, was de introductie van staal, glas en beton. Ook waren deze materialen veel veiliger. De komst van massaproductie betekende dat er snel over de nieuwe bouwmaterialen kon worden beschikt.

From 15 to 40 to 60 metres high

High-rise buildings have been around for a long time. For instance, Italian cities like Bologna, where they built towers nearly 100 metres high as early as 1109, the cities in Georgia that built towers for defence in clusters of 50 to 60 together, Hyderabad (India), where they made towers on houses as 'airco' or even the construction of towers in Isfahan (Iran) that collected pigeon droppings. What all these examples have in common is that they were built using materials that were available nearby and were not intended as living quarters or workplaces.

High-rise buildings were expensive and impractical in many places. Each floor to be added to a building meant thicker walls underneath. This increasingly heavy building in turn gave problems with the bearing capacity of the ground because of the lack of knowledge of the proper foundations. As a result, high-rise was not very popular.

When mass migration to the city began from the second half of the nineteenth century, this automatically led to a shortage of space in the city to accommodate all these new residents. In tandem with this development, land prices also soared. The demand for living (and working) space meant that height was explicitly considered. The tipping point for higher building was eventually the introduction of steel, glass and concrete. These materials were also much safer. The advent of mass production meant that the

Maar de echte doorbraak voor hoger bouwen was niet de druk op de stad of de nieuwe bouwmaterialen. Het was een uitvinding van Elisha Otis. Op de wereldtentoonstelling in New York in 1854 demonstreerde Otis voor het eerst een veiligheidslift. Op een gravure is te zien dat hij aan het publiek toont dat de ingebouwde valbeveiliging zelfs werkte bij een kabelbreuk. Het succes van de veiligheidslift zorgde al snel voor de eerste personenliften. Met een lift konden personen, goederen en zware materialen snel verticaal worden vervoerd. In een betrekkelijk korte tijd ontstond er een compleet andere skyline, een waarin niet de kerk het hoogste gebouw was, maar een toren waarin gewoond of gewerkt werd.

De mogelijkheden om hoger te bouwen vielen samen met de industrialisatie. De trek naar de stad zorgde voor een schreeuwend tekort aan woonruimtes. Ook in Nederland speelde het probleem van de populariteit van de stad als woonplek. Steden werden overstroomd door nieuwkomers

17e eeuwse wolken-krabbers van klei en steen in Shibam, Yemen.
17th-century mudbrick skyscrapers in the city of Shibam in Yemen.

new building materials were quickly available.
But the real breakthrough for higher building was not the pressure on the city or the new building materials. It was an invention of Elisha Otis. Otis first demonstrated a safety lift in 1854 at the World's Fair in New York. An engraving shows him demonstrating to the audience that the built-in fall-protection system worked even when a cable broke. The success of the safety lift soon brought about the first passenger lifts. A lift allowed people, goods and heavy materials to be quickly transported vertically. In a relatively short time, a completely different skyline emerged, one in which the church was not the tallest building, but a tower in which people lived or worked.

Opportunities for building higher coincided with industrialization. Mass migration to the city created a glaring shortage of residential spaces. The problem of the popularity of the city as a place to live played a role in the Netherlands as well. Cities were inundated with newcomers looking for work in the new factories and ports. The 1874 Fortification Act meant that the old fortifications around many Dutch cities were

op zoek naar werk in de nieuwe fabrieken en havens. De Vestingwet uit 1874 zorgde ervoor dat rond veel Nederlandse steden de oude vestingwerken werden afgebroken, dit gaf enige verlichting. De druk op de bestaande stad nam desondanks onevenredig toe. Zonder plan en visie werden nieuwe wijken gebouwd, binnenterreinen bebouwd en ook nog eens met een slechte kwaliteit. Het tweede deel van de negentiende eeuw was de periode van de opportunist. Banken die voor het eerst hypotheken verstrekten, stimuleerden dat iedereen met een beetje kapitaal zich stortte op het bouwen van goedkope arbeiderswoningen. Het aantal inwoners van de stad verdubbelde in deze periode, waardoor het woningtekort alleen maar groter werd. In 1901 werd voor het eerst op nationaal niveau nagedacht over volkshuisvesting. De komst van de Woningwet zorgde ervoor dat de revolutiebouw stopte en dat steden uitbreidingsplannen moesten maken.

De moderne stad

De combinatie van een explosieve groei van de stad, schrijnende woonomstandigheden, nieuwe bouwmaterialen en de opkomst van massaproductie zette aan tot een andere visie op de stad. In Europa ontstaat in deze periode een stroming die modernisme heet. Modernisme is een verzamelnaam voor vernieuwende tendensen in de

Elisha Otis demonstreert zijn veiligheidslift op de wereldtentoonstelling van 1854 in New York.
Elisha Otis demonstrates his safety lift at the 1854 World's Fair in New York.

demolished, which provided some relief. Pressure on the existing city nevertheless increased disproportionately. Without a plan or vision, new neighbourhoods were built, courtyards built over and the quality was also poor. The second part of the nineteenth century was the age of the opportunist. Banks granting mortgages for the first time encouraged anyone with a little capital to throw themselves into building cheap working-class housing. The city's population doubled during this period, which only exacerbated the housing shortage. Public housing was first considered at the national level in 1901. The introduction of the Housing Act meant that jerry-building stopped and cities had to make expansion plans.

The modern city

The combination of the city's explosive growth, appalling housing conditions, new building materials and the rise of mass production prompted a different vision of the city. A movement called modernism emerged in Europe during this period. Modernism is a collective term for innovative trends in the arts and Western society from the late nineteenth century to the first half of the twentieth century. The term is used for a

kunsten en de westerse maatschappij vanaf het eind van de negentiende eeuw tot en met de eerste helft van de twintigste eeuw. De term wordt gebruikt voor een culturele beweging die vooral na de Eerste Wereldoorlog in verzet komt tegen de traditionele opvattingen en vormen van kunst, architectuur, literatuur, geloof, sociale organisatie en het dagelijks leven.

Het modernistisch nadenken over de stad leidde uiteindelijk tot een serie congressen in Europa. Deze worden meestal aangeduid als CIAM (Congrès Internationaux d'Architecture Moderne). De grote man achter de CIAM was Le Corbusier. In 1920 maakte hij (samen met Auguste Perret) nieuwe en moderne plannen voor de uitbreiding van Tours. Uitgangspunt voor deze uitbreidings-plannen waren licht, lucht en ruimte, samen met nieuwe manieren van vervoer. Het leidde uiteindelijk tot een plan waar met nieuwe materialen en technieken torens werden voorgesteld met hiertussen grote boulevards. Een paar jaar later ontwierp Le Corbusier voor Parijs het Plan Voisin (1925), dat een reeks hoogbouwtorens omvatte met een plattegrond van een kruis. Om de torens was er ruimte voor groen, dat werd doorsneden door grote boulevards. (Overigens is dit concept later wel uitgevoerd op Manhattan. Het Peter Stuyvesantgebied aan de oostelijke kant van het eiland is met soortgelijke principes gebouwd).

Le Corbusier en de modernisten hebben het denken in Europa over de stad

Het GEB gebouw is van 1931 en tot 1968 het hoogste kantoorgebouw van Nederland. Het gebouw is in de tweede wereldoorlog door de Duitsers verhoogd. Gebouw heeft tot verzakkingen geleid in de omgeving door gebrekkige kennis van grondmechanica.

The GEB building is the tallest office building in the Netherlands from 1931 to 1968. The building's height was increased by the Germans during the Second World War. The building led to subsidence in the surrounding area due to poor knowledge of soil mechanics

cultural movement that, especially after World War I, rebelled against traditional views and forms of art, architecture, literature, religion, social organization and everyday life. Modernist thinking about the city eventually led to a series of conferences in Europe. These are usually referred to as CIAM (Congrès Internationaux d'Architecture Moderne). The great man behind CIAM was Le Corbusier. In 1920, together with Auguste Perret, he drew up new, modern plans for the expansion of Tours. The basic principles for these expansion plans were light, air and space, together with new modes of transport. It eventually led to a plan where towers utilizing new materials and techniques were proposed with large boulevards in between. A few years later, Le Corbusier designed the Plan Voisin (1925) for Paris, which included a series of high-rise towers arranged in the shape of a cross. Around the towers there was space for greenery, which was intersected by large boulevards. (Incidentally, this concept was later implemented on Manhattan. The Stuyvesant district (also known as StuyTown) on the east side of the island was built using similar principles).

Le Corbusier and the modernists radically changed the way of thinking about the city in Europe. A famous quote by Le Corbusier is: 'The town is a tool. Towns no longer fulfil this function. They use up our bodies, they thwart our souls. The lack of order to be found everywhere in them offends us; they are not worthy of the age; they are

radicaal veranderd. Een bekende uitspraak van Le Corbusier is: 'The town is a tool. Towns no longer fulfil this function. They use up our bodies, they thwart our souls. The lack of order to be found everywhere in them offends us; they are not worthy of the age; they are no longer worthy of us.' [The city of tomorrow and its planning, Le Corbusier, 1929]. De stad waarop hij hier doelde, was de middeleeuwse stad. Deze oude steden, letterlijk volgepropt met slechte huizen en fabrieken, en met slechte hygiënische omstandigheden, hadden geen ruimte voor recreatie en nieuwe mobiliteit. Aan het begin van de twintigste eeuw waren ze niet meer geschikt om in te wonen en te leven.

Ook in Amerika, dat geen middeleeuwse steden had zoals Europa, was het modernisme dominant in het denken over de stad. Logisch, gezien de snelle opkomst van de auto, die een plek moest hebben. Ook hier waren de

no longer worthy of us.' [The city of tomorrow and its planning, Le Corbusier, 1929]. The city he was referring to here was the medieval city. These old cities, literally crammed with bad housing and factories, and with poor sanitary conditions, had no room for recreation and new mobility. By the early twentieth century, they were no longer fit to live in.

Even in the US, which did not have medieval cities like Europe, modernism was the dominant thinking about the city. It was a logical development, given the rapid rise of the car, which needed to have a place. Here again, housing conditions in cities were abominable and there was a need for more housing and space. In 1939, the model city Futurama was presented at the 1939 World's Fair in New York. The great driving force behind this was not a movement or a person, but General Motors. Norman Bel

woonomstandigheden in steden abominabel slecht en was er behoefte aan meer woningen en ruimte. In 1939 werd de modelstad Futurama gepresenteerd op de wereldtentoonstelling van 1939 in New York. Grote drijvende kracht hierachter was geen beweging of een persoon, maar General Motors. Norman Bel Geddes (maker van filmsets) werd ingehuurd om de wereld van morgen te schetsen. Hij ontwierp een maquette van 0,4 hectare (dat is bijna een voetbalveld), die het Amerika van 1960 verbeeldde, met 500.000 ontworpen gebouwen, 50.000 auto's (die ook echt reden) en meer dan een miljoen bomen. Een grote moderne stad met veel hoogbouw. Ruimte voor de auto op maaiveld, voetgangers liepen op de eerste verdieping en konden zich via bruggen door de stad verplaatsen. Buiten de stad, ontsloten door grote snelwegen, werden gigantische buitenwijken gebouwd. De auto stond nadrukkelijk centraal in de Amerikaanse stad van morgen.

Modern Rotterdam

In 1898 ontwierp architect Willem Molenbroek het Witte Huis, de eerste hoogbouw van Rotterdam. Met zijn 43 meter hoogte zelfs enkele jaren het hoogste kantoorge-

Plan Voisin, Paris Le Corbusier & Perret, 1920 en General Motors Fututrama, wereldtentoonstelling New York, 1939. Plan Voisin, Paris Le Corbusier & Perret, 1920 and General Motors Futurama, World's Fair, New York, 1939.

Geddes (a maker of film sets!) was hired to sketch the world of tomorrow. He designed a 0.4-acre model (almost the size of a football pitch) that depicted 1960s America, with 500,000 designed buildings, 50,000 cars (that actually drove) and more than a million trees. It was a big modern city with plenty of high-rise. There was space for cars at ground level, pedestrians walked on the first floor and could move around the city via bridges. Outside the city, accessed by major highways, gigantic suburbs were built. The car was emphatically central to the American city of tomorrow.

Modern Rotterdam

In 1898, architect Willem Molenbroek designed the Witte Huis, Rotterdam's first high-rise building. At a height of 43 metres, it was even the tallest office building in Europe for a few years (residential building Queen Anne's Mansions in London was 49 metres high, reaching its highest point in 1890). Old materials were still used in construction

bouw van Europa (woongebouw Queen Anne's Mansion in Londen was 49 meter hoog en bereikte het hoogste punt in 1890). Bij de bouw werden hier nog oude materialen gebruikt. De basis van het gebouw is ijzer en cement, in plaats van staal en beton (ook de reden waarom er tot de dag van vandaag niemand in mag wonen vanwege brandveiligheidseisen). Er werden meer dan duizend houten heipalen gebruikt om het relatief zware pand te voorzien van een fundering. Hierdoor kwam de grond overigens bijna een meter omhoog. Tijdens de bouw stortte een aangrenzend pand in en werd de plattegrond van het Witte Huis niet 15×20 meter, maar 20×20 meter. Dit geeft aan dat hoger bouwen dan de 'oude stad' met dezelfde materialen en technieken moeilijk was. Er was ook kritiek op het gebouw. Wouter Cool schreef in zijn 'Een en ander over Rotterdam en zijnde havenwerken' in 1901 dat hij bewondering had voor het bouwen op 'slappe' grond, maar dat het Witte Huis eigenlijk een versteende reclamekoopman was en dat het gebouw lomp en plomp, de oude stadomgeving bedierf.

Ook in Rotterdam zorgde dat met nieuwe materialen en ideeën over 'het

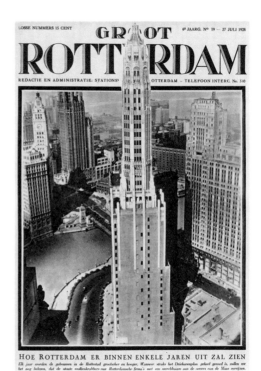

Groot Rotterdam, omslag met Amerikaanse wolkenkrabber, 1926 en de Van Nelle fabriek, Rotterdam, Brinkman, Van der Vlugt 1930.
Cover of *Groot Rotterdam* with American skyscraper, 1926, and the Van Nelle factory in Rotterdam by Brinkman & Van der Vlugt, 1930.

here. The basis of the building is iron and cement, rather than steel and concrete (also the reason why no one is allowed to live in it to this day because of fire-safety requirements). More than 1,000 wooden piles were used to provide foundations for the relatively heavy building. This incidentally raised the level of the ground by almost a metre. During construction, an adjacent building collapsed and the floor plan of the Witte Huis became not 15×20 metres, but 20×20 metres. This indicates that building higher than the 'old city' with the same materials and techniques was difficult. There was also criticism of the building. In 1901, Wouter Cool wrote in his book 'Een en ander over Rotterdam en zijnde havenwerken' (A thing or two about Rotterdam and its harbour works) that he admired building on 'soft' ground, but that the Witte Huis was actually an ossified sandwich board and that the building was ungainly and stubby, spoiling the old city surroundings.

In Rotterdam, too, new materials and ideas about 'the building' and 'the city' ensured that a completely different city emerged. Dreaming of a modern city had begun in the

gebouw' en 'de stad' een compleet andere stad verrees. Het dromen van een moderne stad was begonnen in de jaren 1920. In het tijdschrift *Groot Rotterdam* werd gedroomd van een stad vol wolkenkrabbers in navolging van steden als Chicago en New York, die al imposante skyline hadden met meerdere gebouwen die ver boven de 100 meter uitkwamen. Denk aan het Woolworth Building van 241 meter (1913) of het Chrysler Building van 319 meter (1928).

De aanloop naar nieuwe typen gebouwen begon in Rotterdam met enkele innovatieve gebouwen. De Van Nellefabriek werd in 1930 opgeleverd. Een groot gebouw van staal, beton en glas. Compleet anders dan de fabrieken tot dan toe werden gebouwd. Maar nieuwe materialen vragen om nieuwe kennis.

1920s. The magazine *Groot Rotterdam* dreamed of a city full of skyscrapers in imitation of cities such as Chicago and New York, which already had imposing skylines with multiple buildings rising well above 100 metres. For instance, the 241-metre Woolworth Building (1913) or the 319-metre Chrysler Building (1928).

The run-up to new building types began in Rotterdam with a few innovative buildings. The Van Nelle factory was completed in 1930. It is a large building made of steel, concrete and glass, and completely different from the factories built up until then. But new materials require new knowledge. While the concrete piles were being driven, they were 'pulled out' again to check, before being driven back into the ground. With its piles, the Van Nelle factory was a forerunner in applying new materials, and with

Tijdens het slaan van de betonnen heipalen werden deze weer 'getrokken' om te controleren, om ze vervolgens weer in de grond te slaan. Met de heipalen was de Van Nellefabriek een voorloper van toepassingen van nieuwe materialen, en met de nieuw opgedane kennis volgden er in de periode daarna meer en meer gebouwen waarvan het ontwerp gestoeld was op de nieuwe moderne ideeën en materialen. Zo was het gebouw van het Gemeentelijk Energiebedrijf (GEB) uit 1931 met een hoogte van 58 meter bij oplevering eveneens gebouwd met beton en staal. Het gebouw zorgde voor problemen in de directe omgeving. Doordat de fundering op de eerste zandlaag stond, ontstond er een 'dip' in het zandpakket, wat zorgde voor verzakkingen van de woningen eromheen. De uiteindelijke hoogte van 63 meter werd pas in de Tweede Wereldoorlog gehaald. De Duitse bezetter bouwde op het dak een uitkijkpost. Tot 1968 was het GEB-gebouw het hoogste kantoor van Nederland.

Een ander modernistisch gebouw is de Bergpolderflat. Deze werd in 1935 door architect W. van Tijen ontworpen. De flat is dertig meter hoog en daarmee twee keer zo hoog als de negentiende-eeuwse bebouwing eromheen. De Bergpolder-flat was het eerste stalenskeletgebouw van Nederland en grotendeels prefab gebouwd. De uitgangspunten van de modernisten kwamen hier ook terug: licht,

Door standaardisatie en prefabricage van de stalen en betonnen onderdelen is het bij de Bergpolderflat mogelijk lagere huurprijzen te realiseren. Het was eerste galerijflat in Nederland. Als proefproject werd in 1933 de Parklaanflat gebouwd. Er waren voor die tijd moderne voorzieningen als gemeenschappelijke wasruimtes en centrale verwarming.

The standardization and prefabrication of the steel and concrete components made it possible to realize lower rents at the Bergpolderflat. It was the first gallery flat in the Netherlands. The Parklaanflat was built in 1933 as a pilot project. There were modern facilities for that time, such as communal laundry rooms and central heating.

the newly acquired knowledge, more and more buildings whose design was based on the new modern ideas and materials subsequenly followed. For instance, the 1931 Municipal Energy Board (GEB) building with a height of 58 metres on completion was also built with concrete and steel. The building caused problems in the immediate surroundings. Because the foundations were on the first layer of sand, there was a 'dip' in the sand layer, which caused subsidence in the surroundings houses. The final height of 63 metres was not reached until during World War II. The German occupiers built an observation post on the roof. Until 1968, the GEB building was the tallest office building in the Netherlands.

Another modernist building is the Bergpolderflat, designed by architect W. van Tijen in 1935. The flat is 30 metres high, twice the height of the nineteenth-century buildings around it. The Bergpolderflat was the first steel-frame building in the Netherlands and largely prefabricated. The principles of the modernists were also reflected here: light, air and space. Built in less than nine months, an unprecedented speed of construction. But there was also opposition to this new way of building. Granpré Molière (the architect of the Vreewijk neighbourhood, among others) called the Bergpolderflat a 'material structure with tower homes, but formally a structure with cellars.'[RK Bouwblad 1940].

lucht en ruimte. Gebouwd in nog geen negen maanden, een ongekend snelle manier van bouwen.

Maar er was ook verzet tegen deze nieuwe manier van bouwen. Granpré Molière (architect van onder andere Vreewijk) noemde de Bergpolderflat een 'materieel bouwwerk met torenhuizen, maar formeel een bouwwerk met kelders' [RK Bouwblad, 1940]. Hij doelde op de galerijen die voor het eerst werden toegepast als ontsluiting van de woningen. Hij vergeleek het gebouw vaak met

He was referring to the galleries that were used for the first time as access to the houses. He often compared the building to a prison. But in the period that followed, more and more buildings were realized that were designed with the same new principles as the Bergpolderflat, the GEB building and the Van Nelle factory.

The Basic Plan

After the city centre was bombed on 14 May 1940, there was a rush to start reconstruction. Four days after the bombing, city architect W.G. Witteveen was

een gevangenis. Maar in de periode hieropvolgend werden er meer en meer gebouwen gerealiseerd die ontworpen waren met dezelfde nieuwe uitgangspunten
als de Bergpolderflat, het GEB-gebouw en de Van Nellefabriek.

Het Basisplan

Nadat op 14 mei 1940 de binnenstad was gebombardeerd, werd er haast gemaakt
met de wederopbouw. Vier dagen na het bombardement kreeg stadsarchitect
W.G. Witteveen de opdracht om een nieuw plan voor de binnenstad te maken.
Binnen enkele weken presenteerde hij zijn nieuwe plan. Het plan voorzag in grote boulevards voor een betere verkeersdoorstroming en gesloten bouwblokken
met traditionele gevelbeelden. In 1941 werd het plan uiteindelijk goedgekeurd,
maar veel kwam er niet van terecht. Op 1 juli 1942 werd er in Rotterdam een
bouwstop ingesteld. In plaats van nieuwe gebouwen en wegen werd er graan
verbouwd gedurende de rest van de bezettingstijd. In de periode die volgde,
kwam er steeds meer kritiek op het weder-

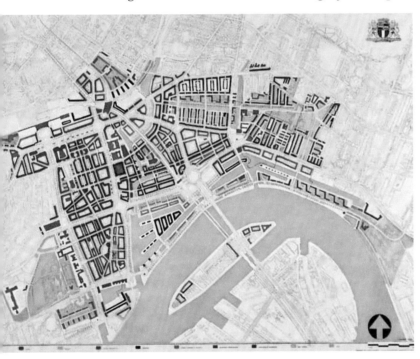

**Het centrum van
Rotterdam na het
bombardement
van mei 1940 en
Basisplan voor de
wederopbouw van
Rotterdam van Van
Traa, 1946.** The
centre of Rotterdam
after the bombing in
May 1940 and Van
Traa's Basic Plan
for the post-war
reconstruction of
Rotterdam, 1946.

commissioned
to draw up a
new plan for
the city centre.
Within weeks, he
presented his new plan. The plan envisaged large boulevards for better traffic flow
and closed building blocks with traditional frontages. The plan was finally approved
in 1941, but very little came of it. On 1 July 1942, a construction freeze was imposed
in Rotterdam. Instead of constructing new buildings and roads, grain was grown
during the rest of the occupation period. In the period that followed, Witteveen's
reconstruction plan came under increasing criticism. A combination of Rotterdam
businessmen and architects who had greater affinity with the modern ideas of,
for instance, an architect like Van Tijen, considered the reconstruction plan to be

opbouwplan van Witteveen. Een combinatie van Rotterdamse zakenlieden en architecten die meer affiniteit hadden met de moderne ideeën van bijvoorbeeld een architect als Van Tijen, beschouwden het plan voor de wederopbouw als achterhaald en vonden dat het moderner moest. Na de oorlog werd aan stedenbouwkundige Cornelis van Traa de opdracht gegeven om een nieuw en modern plan voor de binnenstad te maken. Dit werd het Basisplan, dat gestoeld was op de uitgangspunten van de modernisten met een grid van boulevards waarbinnen er een duidelijke plek was voor de verschillende functies. Wonen hoorde niet tot de functies in een moderne binnenstad, vond Van Traa. Van de 90.000 inwoners vóór de Tweede Wereldoorlog werden er in het Basisplan maar voor ca. 40.000 inwoners een woning bedacht. (4 personen per huishouden was het toenmalige gemiddelde bezetting per huis).

Met de wederopbouw van de binnenstad werd de rode loper uitgelegd om het moderne gedachtegoed van de

Stedenbouwkundig plan Pendrecht en Zuidwijk, Lotte Stam-Beese, 1949.
Urban plan Pendrecht and Zuidwijk by Lotte Stam-Beese, 1949.

outdated and thought it should be more modern. After the war, urban planner Cornelis van Traa was commissioned to create a new, modern plan for the city centre. This became the Basic Plan, which was founded on the principles of the modernists with a grid of boulevards within which there was a clear place for the various functions. Housing was not one of the functions in a modern city centre, in Van Traa's opinion. Of the 90,000 inhabitants before World War II, the Basic Plan envisaged housing for only about 40,000 residents (4 people per household was the average occupancy per dwelling at the time).

With the reconstruction of the city centre, the red carpet was rolled out to translate the modern ideas of the Basic Plan into new, modern buildings. The Lijnbaan has special significance here as the first shopping area with a pedestrian-only zone, which had service roads at the back and no housing above the shops. Surrounding

Basisplan te vertalen naar nieuwe moderne gebouwen. De Lijnbaan heeft hierin een bijzondere betekenis als eerste winkelgebied met een zone die uitsluitend voor voetgangers was bestemd en met expeditiestraten aan de achterzijde, zonder woningen boven de winkels. Daaromheen stonden de flats met woningen en kantoren met een hoogte tussen de 40 en 50 meter. Deze hoogte werd de nieuwe standaard in de binnenstad. Ook de Maastorenflat in het Scheepmakerskwartier, gebouwd in 1956, is een vermelding waard. Het gebouw met elf woonlagen op een sokkel had bij oplevering de hoogstgelegen woning van Nederland.

Moderne nieuwbouwwijken
Na de oorlog werd er voortgeborduurd op de moderne principes, ook buiten de binnenstad. De wijk Ommoord is hier een mooi voorbeeld van. Architectengroep Opbouw verrichtte in deze periode studies

Lijnbaanflats van Krijgsman, Bakker en Maaskant, 1955.
Lijnbaan apartment buildings by Krijgsman, Bakker and Maaskant, 1955

it were flats with housing and offices with a height of between 40 and 50 metres. This height became the new standard in the centre. The Maastorenflat in the Scheepmakers quarter, built in 1956, is also worth a mention. On completion, the 11-storey residential building on a plinth had the highest dwelling in the Netherlands.

Modern new-build districts
After the war, the modern principles were developed further, including outside the city centre. The Ommoord district is a good example of this. Architectural group Opbouw carried out studies of high-rise buildings in green spaces during this period. With the new techniques and materials available, high-rise seemed like a good way to quickly build plenty of housing in green surroundings, which also had sufficient

naar hoogbouw in het groen. Met de nieuwe technieken en materialen die voorhanden waren leek hoogbouw een mooie manier om in het groen snel en veel woningen te bouwen, die ook nog eens genoeg licht, lucht en ruimte hadden. Ook de optimalisatie van bouwstromen komen terug in het plan. Deze zogenaamde stempel- en strokenbouw is overigens niet alleen voorbehouden voor Ommoord, maar werd ook grootschalig toegepast in naoorlogse tuinsteden als Pendrecht, Zuidwijk en Overschie. Wat Ommoord extra interessant maakt, is dat het qua maat en schaal zo groot was dat het met geen andere ontwikkeling in deze tijd te vergelijken was. Een gebied waar gekozen is voor flats en torens. De galerijflats in Ommoord staan in een aangelegd park en zijn tussen de 8 en 14 verdiepingen hoog. De woontorens, die tussen de flats staan, zijn twintig verdiepingen hoog (ca. 62 meter). Het groen was op zo'n manier aangelegd dat je er op verschillende hoogte van kon genieten.

De eerste stappen de hoogte in
De modernistische visie op de stad heeft tot en met eind jaren 1960 het denken over stedenbouw bepaald. Zowel het opnieuw uitvinden van de stadsplattegrond,

Wegens de buitendijkse ligging staat de Maastorenflat op een sokkel. In de twee onderste lagen zijn een showroom, bergingen, de entreehal en een conciërgewoning opgenomen. Ook is er de entree voor de parkeergarage. Daarboven liggen twee lagen kantoorruimte in een uitkragend bouwdeel. De bovenste woningen zijn lange tijd de hoogste woningen van Nederland geweest.

Due to its location outside the dike, the Maastorenflat stands on a plinth. The two lower floors contain a showroom, storerooms, the entrance hall and a caretaker's house. There is also the entrance to the parking garage. Above this are two floors of office space in a cantilevered building section. The upper apartments were for a long time the highest dwellings in the Netherlands.

light, air and space. Optimization of construction flows was also reflected in the plan. Incidentally, this so-called repeating and continuous-row construction is not only restricted to Ommoord, but was also widely used in post-war garden cities such as Pendrecht, Zuidwijk and Overschie. What makes Ommoord extra interesting is that it was so large in size and scale that it could not be compared to any other development at this time. It is an area where the choice was made for flats and towers. The gallery flats in Ommoord are situated in a landscaped park and are between 8 and 14 storeys high. The residential towers, situated between the flats, are 20 storeys high (about 62 metres). The greenery was laid out in such a way that you could enjoy it at different heights.

The first steps upwards
The modernist vision of the city defined thinking about urban design until the late 1960s. It involved reinventing the lay-out of the city and the way we thought about living, building and aesthetics. The period from 1854 to the late 1960s was a turbulent one with many new developments becoming available in a short period of time. Such as the explosive growth of the car, which claimed a place in the city. Standardization and mass production provided new and faster ways of building.

als de manier waarop we nadachten over wonen, bouwen en esthetiek. De periode vanaf 1854 tot eind jaren 1960 is een turbulente periode geweest waarin er veel nieuwe ontwikkelingen in korte tijd beschikbaar komen. De explosieve groei van de auto, die een plek opeiste in de stad. Standaardisatie en massa-productie zorgden voor nieuwe en snellere manieren van bouwen. Nieuwe materialen en kennis maakten ook nieuwe gebouwen mogelijk. Tel hierbij op dat er in Rotterdam een aantal vernieuwers waren die met deze nieuwe ontwikkelingen de stad radicaal anders vormgaven. De optelsom is een stad die haar eerste schaalsprong maakte. De bouwhoogte van het negentiende-eeuwse bouwblok, tussen de 15 en 20 meter, was lang de standaard. Rond de jaren 1960 werd er een nieuwe bouwhoogte toegevoegd die daadwerkelijk de skyline van de stad anders definieerde. Met een gemiddelde bouwhoogte tussen de 30 en 40 meter, met uitschieters naar 60 meter, was de eerste stap de hoogte in gemaakt.

En verwonderlijk is het niet dat er een toevlucht werd genomen naar de hoogte. Een stormachtige bevolkingsont-wikkeling vond

Rotterdam werd met de weder-opbouw ingericht voor het verkeer. During the post-war reconstruction years, Rotterdam was designed for traffic.

New materials and knowledge also made new buildings possible.

Add to this the fact that there were a number of innovators in Rotterdam who used these new developments to radically reshape the city. Taken together, the result is a city that made its first leap in scale. The height of the nineteenth-century building block, between 15 and 20 metres, had long been the standard. Around the 1960s, a new building height was added that effectively redefined the city's sky-line. With an average building height of between 30 and 40 metres, with outliers to 60 metres, the first step into greater heights had been made.

It is not surprising that recourse was taken to building higher. Phenomenal population growth took place during this period. Whereas around 1900 there were fewer than 200,000 people living in Rotterdam, by 1960 there were almost 700,000. What also counts is that in 1900, an average of five people lived in a home of less

plaats in deze periode. Waar er rond 1900 nog geen 200.000 mensen in Rotterdam woonden, waren dat er in 1960 bijna 700.000. Wat ook meetelt is dat er in 1900 gemiddeld vijf personen in een woningen woonden van nog geen 50 vierkante meter. In 1960 was dit gedaald naar een gemiddelde van 3,6 personen in een woning en waren de woningen ook bijna 29 vierkante meter groter. Meer woningen om de bevolkingsgroei te faciliteren en daarbovenop ook een extra aantal woningen om de afname van huishoudens te compenseren.

In Rotterdam is nu de definitie van hoogbouw alles wat hoger is dan 70 meter. De hierboven genoemde gebouwen en periode zijn in de letterlijke zin geen hoogbouw en zie je ook nooit terug in de lijstjes van hoge gebouwen. Maar stel je eens voor dat je bent opgegroeid in een periode dat alles 15 tot 20 meter hoog was en er in enkele tientallen jaren een complete bouwhoogte bijkomt in de stad die tussen de 40 en 60 meter is. In een stad die vanaf 1898 (oplevering Witte Huis)

telkens hoger bouwt, is de periode tot eind jaren 1960 onderdeel van het verhaal van hoogbouw in de stad.

Grootschalige stedelijke ontwikkeling in Rotterdam Ommoord, 1965. Large-scale urban development in Rotterdam Ommoord, 1965.

than 50 square metres. By 1960, this had dropped to an average of 3.6 people in a dwelling, and homes were also nearly 29 square metres larger. More houses were needed to facilitate the growth in population and on top of that, an additional number of homes to compensate for the decline in the size of households.

In Rotterdam these days, the definition of high-rise is anything taller than 70 metres. The buildings and period mentioned above are not high-rise in the literal sense, nor do you ever see them on the lists of tall buildings. But imagine that you grew up in a period when everything was 15 to 20 metres high, and in the space of a few decades a complete building height between 40 and 60 metres was added in the city. In a city that kept building higher from 1898 onwards (completion of the Witte Huis), the period up to the late 1960s is part of the story of high-rise in the city.

BELEVING ALS INSTRUMENT EXPERIENCE AS AN INSTRUMENT

Met grootse formaten kan hoogbouw imponeren, maar ook overweldigen. Die ervaring speelt vooral op straatniveau, waar je als passant steeds vaker tegenover een toren komt te staan. Juist daar kunnen ontwerpkeuzes bijdragen aan een kwalitatieve verdichting van de leefomgeving. Aan de Hogeschool van Amsterdam wordt vanuit het lectoraat Bouwtransformatie op innovatieve manier onderzoek gedaan naar de ervaring van gebieden met veel hoogbouw. Dr. Frank Suurenbroek en dr. Gideon Spanjar zijn auteurs van het dit jaar te verschijnen boek *Neuroarchitectuur. Ontwerpen van hoogbouwsteden op ooghoogte*, waarin conclusies en aanbevelingen gedeeld worden.

De combinatie van disciplines is wat dit onderzoek uniek maakt, legt Suurenbroek uit: 'In de neurowetenschappen en psychologie is er steeds meer kennis over hoe ons brein en lichaam reageren op onze omgeving. Wij onderzoeken hoe die kennis toegepast kan worden in de manier waarop we de gebouwde omgeving ontwerpen. Zo willen we bijdragen aan de woningbouwopgave en het nieuwe hybride werkveld van neuroarchitectuur.' Met de toepassing van neuroarchitectuur kan de menselijke ervaring van een plek gemeten worden, voordat iemand die geïnterpreteerd heeft. Onbewust is een mens constant zijn omgeving aan het scannen naar informatie, legt Suurenbroek uit: 'Al die informatie wordt in ons

With grand formats, high-rise buildings can impress, but also overwhelm. That experience plays out especially at street level, where as a passer-by you increasingly find yourself facing a tower. That is precisely where design choices can contribute to a qualitative densification of the living environment. At the Amsterdam University of Applied Sciences, the Spatial Urban Transfor-

mation practical research programme is conducting innovative research into the experience of areas that have many high-rise buildings. Dr Frank Suurenbroek and Dr Gideon Spanjar are authors of the book *Neuroarchitectuur. Ontwerpen van hoogbouwsteden op ooghoogte (Neuroarchitecture. Designing high-rise cities at eye level)*, published in 2023, in which conclusions and recommendations are shared.

The combination of disciplines is what makes this research unique, explains

neurale netwerk verwerkt, zonder dat we ons daarvan steeds bewust zijn. Dat werkt door in ons gedrag; welke kant we op kijken, of we sneller of langzamer lopen. Het beïnvloedt ook onze perceptie van een plek. Iedereen is wel eens op plekken waar je zo snel mogelijk weg wilt zonder dat daar een duidelijke reden voor is. Of waar je juist langer bent blijven hangen dan je vooraf gedacht had. Dat ligt *ook* aan de manier waarop die plek is vorm-gegeven, zoals de architectuur van de gebouwen en inrichting van de ruimte.'

Cognitieve overload
Om de visuele beleving te meten, zijn de eerste seconden dat iemand in een nieuwe omgeving komt cruciaal. Op

die momenten heeft ons instinct de overhand, vertelt Spanjar: 'Je bekijkt hoe de omgeving is opgebouwd, waar je heen moet, maar ook naar mogelijke sociale activiteit en naar het verkeer. Soms zijn er complexe situaties waarin zoveel ge-beurt dat de hersenen de informatie niet allemaal kan verwerken, een cognitieve overload noemen we dat.

Badmuts
Om het onderzoek uit te voeren, passen de onderzoekers verschillende technolo-gieën toe. Met een eyetracker wordt de

Suurenbroek. 'In neuroscience and psychology, knowledge is increasing about how our brain and body respond to our surroundings. We are exploring how that knowledge can be applied in the way we design the built environment. In this way, we aim to contribute to the housing challenge and the new hybrid field of neuroarchitecture.' By applying neuro-architecture, the human experience of a place can be measured before any-one has interpreted it. Unconsciously, a person is constantly scanning their environment for information, explains Suurenbroek. 'All that information is processed in our neural network, without us being aware of it all the time. It affects our behaviour, which way we look, and whether we walk faster or slower. It also influences our perception of a place. Everyone knows the feeling of being in a place you want to leave as soon as possible for no apparent reason. Or somewhere you ended up staying longer than you had expected. This is *also* down to the way that place is designed, such as the architecture of the buildings and layout of the space.'

Cognitive overload
To measure visual perception, the first few seconds when a person enters a new environment are crucial. At those moments, our instincts have the upper hand, says Spanjar: 'You look at how the environment is structured, where you need to go, but also at possible social activity and at the traffic. So-metimes there are complex situations where so much is happening that the brain cannot process all the informati-on; we call that cognitive overload.

visuele beleving gemeten. Die legt precies vast waar iemand naar kijkt, hoelang en welke route het oog aflegt, door de beweging van het oog te registreren. Dat kan gebeuren op een beeldscherm of in een virtuele omgeving. Er bestaat ook een mobiele eyetracker waarmee je de beleving buiten meet. Dat gebeurt vaak in combinatie met een GSR-sensor, een klemmetje dat op een vinger geschoven wordt en dat de minieme zweetafgifte van de huid meet. Aan die informatie kun je opwinding en het stressniveau aflezen. Waar veel mensen bij het woord neuro-wetenschap aan zullen denken is een EEG, waarbij een soort badmuts vol elektroden de hersenactiviteit meet, ook die wordt gebruikt.

Hoe mooi zulke technologie ook is, de data die het oplevert, zegt op zichzelf nog niet veel, legt Suurenbroek uit: 'Om er bete-kenis aan te geven, heb je altijd andere methoden en technologie nodig om die data mee te combineren. Bijvoorbeeld waarderingsonderzoek met observaties, vragenlijsten en interviews. Juist dat combineren van theorieën, methodes en technologieën is iets waar wij nu aan werken, om tot een bruikbaar beeld van de ervaring van een omgeving te komen.'

Wat doet het ontwerp?

De vormen van onderzoek die Suuren-broek en Spanjar uitvoeren, kunnen op verschillende manieren een rol krijgen in het ontwerpproces van architectuur, stedenbouw en landschap. Suurenbroek: 'Met digitale hulpmiddelen kan je nu al de effecten van lichtval en wind in je ontwerp testen, wij voegen daar de beleving van de gebruikers aan toe. Het past dan ook op het moment dat je voor een aantal ont-werpkeuzes staat. Dan kun je testen: doet het ontwerp wat we denken dat het doet?

Swimming cap

To carry out the study, the researchers apply various technologies. An eye tracker is used to measure the visual experience. It records exactly what a person looks at, for how long and which route the eye takes, by recording the eye's movement. This can be done on a screen or in a virtual environment. There is also a mobile eye tracker that lets you measure the experience out-side. This is often done in combination with a GSR sensor, a small clip that is put onto a finger where it measures the skin's miniscule output of sweat. From that information, it is possible to read excitement and stress levels. What many people think of when they hear the word neuroscience is an EEG, where a kind of swimming cap full of electrodes measures brain activity, and that is used as well.

As wonderful as such technology is, the data it produces still does not say much in itself, Suurenbroek explains. 'To make sense of it, you always need other methods and technology to combine the data with. For instance, appreciation research with observa-tions, questionnaires and interviews. Precisely that combining of theories, methods and technologies is something we are working on now, to achieve a useful picture of the experience of an environment.'

What does the design do?

The forms of research carried out by Suurenbroek and Spanjar can play a role in various ways in the design pro-cess of architecture, urban design and landscape. Suurenbroek: 'Using digital tools, you can already test the effects of light and wind in your design, and

Een ander moment is bij planvorming binnen een grotere ontwikkeling, als de ruimte opgedeeld wordt in kleinere kavels. Dan geeft het inzicht in hoe de omgeving in zijn geheel eruit gaat zien. Zeker bij het schaalniveau van hoogbouw en hybride bouwblokken heeft dat een toegevoegde waarde.'

Ritme in de openbare ruimte

Er kunnen al een paar conclusies uit het onderzoek getrokken worden die van toepassing zijn op hoogbouw en verdichting van stedelijke gebieden. Zo zien de onderzoekers dat we instinctief feilloos de plekken in de straatruimte opzoeken waar we mensen kunnen verwachten, zoals balkons, entrees en ramen. Spanjar: 'Ontwerpen met voldoende variatie zorgen voor ritme in de straat en daarmee voor begeleiding van het oog. Hoogbouw kan je verzachten door groen en fijnschalige elementen. Samen met een verhoogde plint zorgt dat voor een gelaagde overgang tussen gevel en straatruimte. Het trekt de aandacht en wordt hoog gewaardeerd door mensen.' Voor de stad van straks speelt bij verdichtingsprojecten de straatruimte een essentiële rol. In de openbare ruimte wordt volgens Suurenbroek de stad gemaakt. 'Met de ruimtelijke vormgeving en programmering scheppen we de condities. Zo zien we in onze neuroarchitectuurtests dat ook de hoogbouw in *setbacks* een belangrijke rol speelt in de visuele beleving van gebruikers in de straat. Het ontwerp van torens is daarmee tot aan de hoogste verdiepingen een ontwerpopgave.' Vanwege nieuwe vormen van mobiliteit, vergroening en een minder auto-gedreven samenleving gaat er veel in de publieke ruimte gebeuren. Dat stelt nieuwe vragen aan de ontwerper stelt Spanjar. 'In ons

we are adding the experience of the users. It therefore suits the moment you are faced with a number of design choices. Then you can test whether the design does what we think it does. Another moment is during the planning process within a larger development, when the space is divided into smaller plots. It provides insight into what the environment as a whole will look like. Particularly at the scale level of high-rise and hybrid building blocks, this has added value.'

Rhythm in public space

A few conclusions can already be drawn from the study that apply to high-rise and densification of urban areas. For instance, the researchers see that we instinctively and unerringly seek out the places in the street space where we can expect to see people, such as balconies, entrances and windows. Spanjar: 'Designs with sufficient variety provide rhythm to the street and therefore guidance to the eye. High-rise can be softened by greenery and small-scale elements. Together with a raised plinth, this creates a layered transition between façade and street space. It attracts attention and is greatly appreciated by people.' For the city of the future, the street space plays an essential role in densification projects. According to Suurenbroek, public spaces are where the city is made. 'We create the conditions with spatial design and programming. In our neuroarchitectural tests, for instance, we see that high-rise in setbacks also play an important role in users' visual experience in the street. The design of towers is therefore a design task right up to the highest floors.' Because of

onderzoek zien we hoe mensen proberen de omgeving te lezen. Architectuur en inrichting begeleiden ook het oog en daarmee de voetganger op zijn weg en het vinden van functies zichtbaar (horeca/entree, etc.). Architectuur en inrichting kunnen verkenning en fascinatie stimuleren of juist afremmen (te complex of te weinig).' In die balans ligt de kwaliteit van de plek en dat is precies waar neuroarchitectuur bijdraagt.

Gewoon meenemen

Wat is de toekomst voor deze cross-over tussen neurowetenschap, omgevingspsychologie en ruimtelijk ontwerp? Spanjar ziet veel mogelijkheden: 'De technologie wordt steeds meer geavanceerd en mobiel. Voor zo'n EEG moest je vroeger naar het ziekenhuis en een eyetracker kon alleen in een lab gebruikt worden, nu kan je het gewoon meenemen. Dat maakt het makkelijker om real time de gebruikerservaring te meten in de stedelijke situatie zelf. Dankzij dit soort technologieën, gecombineerd met sociaal onderzoek, begrijpen we als ontwerpers steeds beter hoe de ruimte om ons heen wordt ervaren en hoe dat de perceptie en gedrag beïnvloedt.'

new forms of mobility, greening and a less car-oriented society, a great deal is going to happen in public spaces. This poses new questions for the designer, argues Spanjar. 'In our research, we see how people try to read the surroundings. Architecture and layout also guide the eye and therefore the pedestrian on their way and in finding functions that are visible (place to eat/ entrance, etc.). Architecture and layout can encourage or inhibit exploration and fascination (too complex or not enough).' In that balance lies the quality of the place and that is exactly where neuroarchitecture contributes.

Just take it with you

What is the future for this crossover between neuroscience, environmental psychology and spatial design? Spanjar sees many opportunities: 'Technology is becoming increasingly sophisticated and mobile. For an EEG, you used to have to go to the hospital and an eye tracker could only be used in a lab, but now you can just take it with you. This makes it easier to measure real-time user experience in the actual urban situation. Thanks to technologies like these, combined with social research, we as designers increasingly understand how the space around us is experienced and how that affects perception and behaviour.'

van gebouw naar gebied

from building to area

Boven de 100 meter

De Medische Faculteit, nu Erasmus MC, is het eerste gebouw in Rotterdam dat boven de 100 meter uitkwam. Bij oplevering in 1966 was het 114 meter hoog. De reden om over te gaan tot hoogbouw voor de nieuwe medische faculteit was het besluit om niet het hele groene park naast het bestaande ziekenhuis vol te bouwen. Dit kon door het programma te stapelen. Bijzonder aan de Medische Faculteit is dat er veel onderdelen op een andere locatie waren gemaakt (prefab) en het gebouw eigenlijk als een puzzel in elkaar werd gezet op de locatie. De hele toren werd opgetrokken rond twee betonnen kernen met geprefabriceerde vloeren. Ook de snelheid waarmee de verdiepingen werden gebouwd, was indrukwekkend. Soms werd er wel één verdieping per dag gehaald. Na de bouw van de kernen en de vloeren werden de gevels opgetrokken uit witte aluminiumplaten, die het gebouw zijn karakteristieke aanzien geven. Die gevelelementen, ontworpen door Jean Prouvé, werden geleverd door een treinstelbouwer.

In *De Tijd* schreef Ben Kroon over de Medische Faculteit: 'De toren van Boymans staat naast de toren van de faculteit als een pygmee naast een basketbalspeler. Het is 'een echte Rotterdamse bouwexplosie, potig en zonder veel oog voor de omgeving.' Er is veel geschreven over de Medische Faculteit. Vergelijkingen met een ruimteschip, trein en 'sciencefiction' kwamen langs en er was een kritische noot over de manier waarop het zich niks lijkt aan te trekken van de groene omgeving. Op

Above 100 metres

The Medical Faculty, now Erasmus MC, was the first building in Rotterdam to rise above 100 metres. When completed in 1966, it was 114 metres high. The reason for shifting to high-rise for the new medical faculty was the decision to avoid filling up the entire green park next to the existing hospital. This could be achieved by stacking the programme. A special feature of the Medical Faculty is that many components were made at another location (prefab) and the building was actually put together on site like a jigsaw puzzle. The entire tower was erected around two concrete cores with prefabricated floors. The speed at which the storeys were built was also impressive. Sometimes, as much as one storey a day was achieved. After construction of the cores and floors, the façades were constructed of white aluminium sheets, which give the building its characteristic appearance. These façade elements, designed by Jean Prouvé, were supplied by a train-carriage builder. In Belgian newspaper *De Tijd*, Ben Kroon wrote about the Medical Faculty: 'The Boymans tower stands next to the faculty tower like a pygmy next to a basketball player. It is 'a real Rotterdam building explosion, burly and with little regard for its surroundings.' Much has been written about the Medical Faculty. Comparisons with a spaceship, train and 'science fiction' were made, and there was criticism about the

de gebouwhoogte is echter weinig commentaar geweest bij ingebruikname. Waar de Rotterdamse bouwpolitie in 1930 nog meekeek bij het slaan van de betonnen fundering van de Van Nellefabriek om te controleren of dit nieuwe materiaal voldeed, was er voor de Medische Faculteit een bouwberekening gemaakt en waren er heipalen geslagen met proefbelasting. Uiteindelijk waren er 2.200 heipalen nodig om het gebouw te dragen. Het 67 miljoen kilo zware gebouw is uiteindelijk 13 centimeter gezakt – geheel volgens berekeningen – en is een voorbeeldproject voor funderingstechniek voor gebouwen van deze hoogte [Gré Ploeg, 100 jaar hoogbouw in Rotterdam 'Zooiets Amerikaansch!', Rotterdam 1999, p. 81].

Hoog en veilig

Naast nieuwe kennis over funderingstechniek vergde bouwen in de hoogte ook voorzieningen voor de (brand)veiligheid. Om aan te geven waarom dit belangrijk is, bleek bij een brand in de Leuveflat in 1978. Dit gebouw van 53 meter hoog was een van de eerste hogere gebouwen van de wederopbouw. De brand vormt een mijlpaal in het denken over veiligheidseisen in hoge gebouwen. Voortaan moesten er brandmelders en blusinstallaties per verdieping worden geïnstalleerd in hoge gebouwen.

De uitzonderlijke snelle bouwtijd va het Faculteistgebouw is bereikt door flexibele standaard-plattegronden en vergaande prefabricage. De gevel is opgebouwd uit wit gemoffelde sandwich-gevelpanelen die speciaal voor dit gebouw zijn ontworpen door de Franse architect Jean Prouvé, internationaal wegbereider van de integratie van architectuur en industriële bouwproductie.

The exceptionally fast construction time of the Faculty building was achieved by using flexible standard floor plans and extensive prefabrication. The façade is made of white enamelled sandwich panels that were specially designed for this building by French architect Jean Prouvé, who pioneered the integration of architecture and industrial building production.

way it seems removed from the green surroundings. However, there was very little commentary on the height of the building when it was taken into use.
Whereas in 1930 the Rotterdam building inspectorate were watching as the concrete foundations of the Van Nelle factory were being laid, to check whether this new material was adequate, a building calculation had been made for the Medical Faculty and piles had been driven with test loads. Ultimately, 2,200 piles were needed to support the building. The 67-million-kilo building eventually sank 13 centimetres – entirely according to calculations – and it is a model project for foundation engineering for buildings of this height. [Gré Ploeg, '100 jaar hoogbouw in Rotterdam. Zooiets Amerikaansch!', Rotterdam 1999 p. 81].

High and safe

Besides new knowledge about foundation engineering, building at height also required provisions for safety, including fire safety. A fire in the Leuveflat in 1978 demonstrated clearly why this is important. This 53-metre-high building was one of the first taller buildings of the post-war reconstruction period. The fire marks a milestone in thinking about safety requirements in high-rise. From then on, fire alarms and fire-ex-

Het veiligheidsbeleid is sinds 1978 nog herhaaldelijk herzien en aangescherpt en werd uiteindelijk onderdeel van het nationale Bouwbesluit. Dit Bouwbesluit lijkt er al een lange tijd geweest te zijn, maar niets is minder waar: het werd pas in 1992 vastgesteld. Hiermee werden voor alle gebouwen in Nederland de technische én veiligheidsvoorschriften gelijk. In het Bouwbesluit van nu wordt er onder meer gekeken naar brandcompartimenten (= oppervlakte aan opvangcapaciteit, aantal aanwezige personen), trappen (breedte, aantal treden, lengte van de treden), verdiepingshoogte, en deuren (breedte, openingshoek, soort deur (enkel of dubbel). Maar in het Bouwbesluit wordt ook een grens tot 70 meter hoogte gehanteerd.

Het idee hierachter is dat dit soort gebouwen 'zelden' worden gerealiseerd. Gebouwen hoger dan 70 meter moeten aantonen dat ze over dezelfde veiligheidseisen beschikken als gebouwen tot 70 meter. Dit geldt bijvoorbeeld voor de beperking van brandgevaarlijke situatie, de beperking van uitbreiding van een brand, de beperking van het ontstaan van rook, vluchten binnen compartimenten, vluchtroutes, bestrijding van brand. In essentie gaat het over voorkomen van brand én bij uitbreken van brand om zo veilig mogelijk te kunnen vluchten.

De brandende Leuvenflat, Leuvehaven, Rotterdam.
The Leuveflat on fire, Leuvehaven, 28 July 1978.

tinguishing systems had to be installed per storey in tall buildings.

The safety policy has been revised and tightened several more times since 1978 and eventually became part of the national Building Decree. This Building Decree seems to have been around for a long time, but nothing could be further from the truth; it only took effect in 1992. This made both technical and safety regulations the same for all buildings in the Netherlands. In today's Building Decree, the criteria considered include fire compartments (i.e. area of containment capacity, number of people present), stairs (width, number of steps, length of the steps), storey height, and doors (width, opening angle, type of door (single or double).

But the Building Decree also sets an upper height limit of 70 metres. The underlying idea was that these kinds of buildings are 'rarely' realized. Buildings taller than 70 metres must demonstrate that they have the same safety requirements as buildings up to 70 metres. This applies, for example, to the restriction of a fire-hazard situation, restriction of fire spread, restriction of smoke generation, escape within compartments, escape routes, and fighting fire. In essence, it is about preventing fire and, in the event of a fire breaking out, escaping as safely as possible.

In Rotterdam heeft in de jaren 1990 een werkgroep 'hoge gebouwen' zich hardgemaakt voor veiligheidsbeleid voor gebouwen hoger dan 70 meter. Het is immers raar dat er wel uitgewerkte eisen zijn voor diverse hoogtes onder 70 meter, maar daarboven mag een gemeente eigen eisen stellen. Deze werkgroep, samengesteld uit de brandweer, gemeente en veiligheidsregio, heeft uiteindelijk een memorandum met voorstellen opgeleverd met als doelstelling richting te geven aan brandveiligheid in kantoor- en woontorens. In de jaren hierna zijn deze grotendeels overgenomen en vastgelegd in beleid. Er wordt vanaf 2001 onderscheid gemaakt in verschillende hoogtes als het om brandveiligheid gaat. Van 70 tot 100 meter, van 100 tot 150 meter en tot 200 meter. Zo worden er boven de 70 meter sprinklerinstallaties voorgeschreven, moet er boven 100 meter een overdrukinstallatie worden toegepast (zorgen ervoor dat er rookvrije vluchtroutes zijn). Daarnaast moeten er boven 100 meter brandweerliften in aparte schachten worden opgenomen en tot 100 meter moet er een droge blusleiding (met pomp voorzien van noodstroom) aanwezig zijn. Boven 100 meter moet dit een hogedrukblusinstallatie zijn. In 2005 zijn er (eindelijk) veiligheids-richtlijnen (SBR-veiligheidsrichtlij-nen) opgesteld die meer uniform beleid moeten geven in Nederland.

Kantoorgebouw Willemswerf achter het luchtspoor aan de Boompjes, 1988.
Willemswerf office building behind the railway bridge on Boompjes, 1988.

In Rotterdam in the 1990s, a 'tall buildings' working group championed safety policies for buildings higher than 70 metres. After all, it is strange that there are elaborate requirements for various heights below 70 metres, but above that, a municipality is allowed to set its own requirements. This working group, composed of the fire brigade, municipality and safety region, eventually produced a memorandum of proposals with the aim of giving direction to fire safety in office and residential towers. In the years that followed, the proposals were largely adopted and enshrined in policy. Since 2021, the distinction has been made between different heights when it concerns fire safety: from 70 to 100 metres, from 100 to 150 metres, and up to 200 metres. For example, above 70 metres sprinkler systems are prescribed, and above 100 metres a pressure differential system must be used (to ensure smoke-free escape routes). In addition, above 100 metres, fire lifts must be included in separate shafts and up to 100 metres, dry risers (with pump equipped with emergency power) must be present. Above 100 metres, this should be a high-pressure extinguisher system. In

De Rotterdamse hoge gebouwen reflecteren samen de ontwikkeling van de brandveiligheidseisen. Elke meter hoger dan 70 meter betekent dat méér (brand) veiligheidseisen moeten worden doorgevoerd in het hele gebouw. Het is hiermee niet logisch om een gebouw net iets hoger te maken dan de hoogtes die gelden voor veiligheid. De optelsom hiervan betekent dat er in de stad een verzameling gebouwen is rond de 70 meter, rond de 100 meter en rond de 150 meter. Alles hiertussen is relatief duurder om te bouwen, of er moeten andere zaken mee-spelen. Je ziet het wellicht niet, maar het veiligheidsbeleid is wel degelijk van invloed op de Rotterdamse skyline.

Wonen in hoogbouw

De hoogbouw in de stad werd project voor project ontwikkeld. Na de Medische Faculteit in 1966 zijn er op verschillende plekken nieuwe torens bij gekomen. De Willemswerf (Nedlloyd, 95 meter), de Hofpoort (het Shellgebouw, 95 meter) en de WTC-toren (93 meter) om een paar voorbeelden te noemen. Wat deze torens gemeen hebben, is dat hierin gewerkt wordt. De vraag was of mensen ook in torens wilde wonen. Het ABP (Algemeen Burgerlijk Pensioenfonds) speelde met de gedachte op het Weena een woontoren neer te zetten. Architect Henk Klunder tekende hiertoe een woongebouw van 125 meter hoog dat door de positie van de ramen verdacht veel weg had van een ponskaart. Maar was hier

De twee identieke woontorens staan aan weerszijden van de Strevelsweg en en markeren als een stadspoort de overgang van stedelijk naar tuinstedelijk gebied. De westelijke toren bevat sociale huur appartementen, de oostelijke koopappartementen. De standaard appartementen hebben drie of vier kamers. De penthouses hebben vier kamers.

The two identical residential towers stand on either side of Strevelsweg and, like a city gate, mark the transition from urban to garden-city area. The western tower contains social rental apartments, with owner-occupied apartments in the eastern tower. The standard apartments have three or four rooms. The penthouses have four rooms.

2005, safety guidelines (SBR safety guidelines) were drawn up – finally – with the aim of providing more uniform policies in the Netherlands.
Together, Rotterdam's high-rise buildings reflect the evolution of the fire-safety re-quirements. Every metre higher than 70 metres means more fire-safety requirements have to be implemented throughout the building. As a result, it does not make sense to make a building just slightly higher than the heights applicable to safety. The sum total of these requirements means that in the city there are collections of buildings around 70 metres in height, around 100 metres and around 150 metres. Everything in between is relatively more expensive to build, or there must be other matters involved. You may not see it, but the safety policy really does affect the Rotterdam skyline.

Living in high-rise

The city's high-rise buildings were developed project by project. After the Medical Faculty in 1966, new towers were added at various places. The Willemswerf (Nedlloyd, 95 metres), the Hofpoort (the Shell building, 95 metres) and the WTC tower (93 metres), to name a few examples. What these towers have in common is that they are

wel animo voor? Om dit te testen werd er een advertentie geplaatst in het *AD* in
1982. De kop was 'Snelle vogels bieden wij nu al uitzicht op de city van morgen'.
De tekst bij de fictieve toren beschreef de huidige en toekomstige ontwikkeling
rond het Weena.

Rotterdam maakt haast, met wat straks één van der modernste stadscentra
ter wereld genoemd mag worden. Tussen Hofplein en Stationsplein, aan
weerszijden van het Weena verrijzen imposante gebouwencomplexen. Winkels,
kantoren en horecabedrijven, grote hotels en woningen. Het Weenaplan. Met
als hoogtepunt een woontoren van 43 verdiepingen, die niet minder dan 270
huurflats bevat. Geriefelijke twee- en driekamerappartementen met magnifiek
uitzicht over de hele stad. Huurprijs (exclusief service
en verwarmingskosten die om en nabij de 160 gulden
bedragen) slechts ca. fl 600 per maand. Betaalbare flat
dus [AD, 1982].

Er reageerden ongeveer 1.900 potentiële huurders op
het krantenbericht. Uiteindelijk haakte ABP af vanwege
het financiële risico en interne problemen, maar wat
het bewees was dat hoogbouw niet alleen meer voor
werken interessant was. Het betekende dat hoogbouw
ook voor wonen een alternatief bood.

Uiteindelijk duurde het tot 1990 voordat er hoogbouw
werd gemaakt waarin gewoond kon worden. De

Advertentie voor de Weenatoren in het *Algemeen Dagblad*, 1982.
Advertisement in the *Algemeen Dagblad* newspaper, 1982.

places of work. The question was whether people would
also want to live in towers. The ABP (General Civil Pension
Fund) toyed with the idea of building a residential tower
on Weena. For this purpose, architect Henk Klunder drew a
125-metre-high residential building that looked suspiciously
like a punch card due to the position of the windows. But
would there be any enthusiasm for this? To test this idea,
an advertisement was placed in the *AD* newspaper in 1982. The headline was 'We
are now offfering swift birds views of tomorrow's city'. The text accompanying the
fictitious tower described the current and future development around Weena.

Rotterdam is pressing on with what may soon be called one of the most modern city
centres in the world. Between Hofplein and Stationsplein, on either side of Weena,
imposing building complexes are rising. Shops, offices, cafés and restaurants, large
hotels and homes. The Weena plan. With as the highlight, a 43-storey residential
tower containing no fewer than 270 rental apartments. Comfortable one and two-bed-
room flats with magnificent views over the entire city. Rent (excluding service and
heating costs which are around 160 guilders) only about 600 guilders a month. In

Weenatoren (helft kantoor, helft wonen, 1990, hoogte 106 meter) ontworpen door Klunder, die in 1982 de Ponskaart al had ontworpen op min of meer dezelfde plek, en het Weenacenter (1990, 104 meter) ontworpen door Hector Hoogstad, waren de eerste woontorens van de stad.

Naar eerste visie

Voor Nederlandse begrippen is er intussen een uniek stadsgebied ontstaan. Het beeld van moderne architectuur, hoogbouw, opvallende gebouwen, brede boulevards met accenten aan de rivier, het culturele klimaat, het museumpark en het baanbrekend hergebruik van oude havenbekkens en kades, is het handelsmerk

van Rotterdam geworden. Het vertrouwen in Rotterdam is enorm toegenomen, getuige de vele bouwprojecten die inmiddels door de marktpartijen uitgevoerd zijn. De binnenstad functioneert beter, het centrum is aantrekkelijker geworden en er is grote belangstelling om er te wonen, te werken, te winkelen en uit te gaan.
Dit citaat komt uit 'Rotterdam: een binnenstad met buitenkansen', het Binnenstadsprogramma 1993–2000 van de gemeente Rotterdam. Het betrof een actualisering van het Binnenstadsplan '85. Interessant is dat hier voor het eerst ook de Kop van Zuid genoemd wordt als uitbreiding van de binnenstad. De bouw van de Erasmus-

De Weenatoren zoals die uiteindelijk in 1990 is opgeleverd.
The Weenatoren as it ultimately was on completion in 1990.

other words, an affordable flat. [AD, 1982].
About 1,900 potential tenants responded to the newspaper article. ABP ultimately pulled out because of the financial risk and internal problems, but what it proved was that high-rise buildings were no longer only interesting as places of work. It meant that high-rise offered an alternative for housing as well.
It eventually took until 1990 before high-rise buildings were made where people could live. The Weena Tower (half office, half residential, 1990, 106 metres) designed by Klunder, who had previously designed the Ponskaart (Punch Card) in 1982 on more or less the same site, and the Weena Centre (1990, 104 metres) designed by Hector Hoogstad, were the city's first residential towers.

Towards a first vision

By Dutch standards, a unique urban area has since emerged. The image of modern architecture, high-rise, striking buildings, wide boulevards with riverfront accents, the cultural climate, the museum park and the pioneering reuse of old harbour basins and quays, has become Rotterdam's trademark. Confidence in Rotterdam has increased

brug was weliswaar nog niet begonnen, maar de voorbereiding hiertoe zeker wel! Het idee was om de rivier weer in het hart van de binnenstad te leggen met een centrum op beide oevers.

Er zijn een paar zaken die het bovenstaande citaat voor hoogbouw interessant maken. De beschrijving van het DNA van de stad wordt aangevuld met het woord hoogbouw. Er staan op dat moment negen torens boven de 70 meter in de binnenstad van Rotterdam. Ook wordt er opgemerkt dat er sprake is van een toenemend vertrouwen in de stad. Dat vertaalt zich ook in een veelvoud aan hoogbouw in de toen lopende studie- en bouwplannen. Daarnaast werd er in het masterplan van Teun Koolhaas voor de Kop van Zuid (1987, en in 1992 doorontwikkeld door de Dienst Stedenbouw en Volkshuisvesting) voorzichtig hoogbouw voorzien op de Wilhelminapier en de Zuidkade. Ook werd er door KCAP een revolutionair stedenbouwkundig plan gemaakt voor de Wijnhaven, waar hoogbouw als mathematische basis vorm zou gaan geven aan dit stukje stad.

De tijd van experimenteren met hoogte maakt in deze periode plaats voor een ware hausse aan hoogbouwinitiatieven. Om dit in goede banen te leiden, werd er voor het eerst op de schaal van de stad nagedacht over hoogbouw. In het Binnenstadsprogramma 1993–2000 wordt een hoogbouwzone benoemd, een gebied dat zich uitstrekte van het Stationsplein via het Weena naar het Hofplein, vervolgens via de Coolsingel, het Churchillplein en de Schiedamsedijk over de in 1996 te

De Shell toren is volledig bekleed met betonelementen van 5,40 bij 3,40 meter. Het glas is niet in kozijnen maar direct in de betonelementen gemonteerd. De toemalige wethouder bouwen bepleitte een hoogbouwstop na deze 'laatste erectie van het grootkapitaal'. Enkele jaren later omarmde de stad de hoogbouw alweer en kwam dezelfde wethouder in de Stichting Hoogbouw.

The Shell tower is fully clad with concrete elements measuring 5.40 by 3.40 metres. The glass is not mounted in frames but directly in the concrete elements. The city councillor responsible for building at the time advocated a freeze on high-rise after this 'latest big-business erection'. A few years later, the city embraced high-rise again and the same councillor joined the Dutch Council on Tall Buildings.

enormously, as evidenced by the many construction projects that have now been carried out by market parties. The inner city is functioning better, the centre has become more attractive and there is great interest in living, working, shopping and going out. This quote is from 'Rotterdam: an inner city with outdoor opportunities', the City of Rotterdam's Inner-city Programme 1993-2000. This was an update of the Inner-city Plan 1985. Interestingly, the Kop van Zuid is also mentioned here for the first time as an extension of the city centre. The construction of the Erasmus Bridge might not have started yet, but preparation for it certainly had! The idea was to put the river back at the heart of the inner city with a centre on both banks.

There are a few things that make the above quote interesting for high-rise buildings. The description of the city's DNA is supplemented by the word high-rise. At the time, there were nine towers above 70 metres in the centre of Rotterdam. It was also noted that there was increasing confidence in the city. This translated into a multitude of high-rise buildings in the study and construction plans underway at the time. In addition, Teun Koolhaas' master plan for the Kop van Zuid (1987, and further developed in

SHELL TOREN | 1973-1976 | Hofplein | Architect: Piet Zanstra (ZZPD architecten) | Kantoorgebouw, 26 verdiepingen 95 meter hoogte.
Office building, 26 floors and and 95 metres in height.

openen Erasmusbrug naar de Zuidkade en Wilhelminapier. Voor deze zone zou gelden: *the sky is the limit*. Hiermee werd bedoeld dat er geen hoogterestrictie werd gesteld aan hoogbouw. Het aangewezen gebied was vooral bedoeld voor hoge kantoorgebouwen; de rest van de binnenstad werd daarvan uitgesloten. Voor woningbouw mocht er buiten deze hoogbouw-as worden gebouwd tot een hoogte van 100 meter op daartoe aangewezen locaties: de Wijnhaven, rond de Binnenrotte, en langs de noordzijde van de rivier en de Lloyd- en Mullerpier. Het idee van deze hoogbouw-as was dat er uiteindelijk sprake zou zijn van een concentratie aan functies gekoppeld aan openbaar vervoer (het Centraal Station en de metro die onder deze as loopt). De clustering van kantoren aan de hoogbouw-as had als idee dat er een exclusief milieu werd gemaakt dat vooral voor internationale bedrijven interessant zou zijn én dat kantoren elders in de binnenstad naar woningen getransformeerd konden worden.

Wat dit beleidskader voorstond, was om de plannen voor hoogbouw in de stad te kunnen sturen. Zonder beleid was er altijd een discussie waar wel en waar geen hoge

Stedenbouwkundig plan Kop van Zuid, Teun Koolhaas, 1987.
Urban design Kop van Zuid, Teun Koolhaas, 1987.

1992 by the Department of Urban Planning and Housing) cautiously envisaged high-rise on the Wilhelminapier and Zuidkade. KCAP also drew up a revolutionary urban plan for the Wijnhaven, where high-rise as a mathematical basis would shape this part of the city. The era of experimenting with height gave way to a veritable boom in high-rise initiatives during this period. To manage this, high-rise buildings were considered for the first time at the scale of the city. The Inner-city Programme 1993-2000 identified a high-rise zone, an area stretching from Stationsplein via Weena to Hofplein, then via the Coolsingel, Churchillplein and Schiedamsedijk over the Erasmus Bridge, which was to open in 1996, to Zuidkade and Wilhelminapier. For this zone, 'the sky is the limit' would apply. It meant that no height restriction would be placed on high-rise buildings. The designated area was mainly intended for high-rise office buildings; it excluded the rest of the city centre. For residential development, construction was allowed outside this high-rise axis up to a height of 100 metres in designated locations: Wijnhaven, round the Binnenrotte, and along the north side of the river and the Lloydpier and Mullerpier. The idea behind this high-rise axis was that there would

gebouwen gewenst waren. Rotterdam koos ervoor om hoogbouw te clusteren en hiermee een concentratie te maken van functies (en mensen) nadrukkelijk gekoppeld aan openbaar vervoer.

Nieuwe kennis nodig

Met hoogbouw als nieuw DNA voor Rotterdam en het vooruitzicht op veel meer hoogbouw werd het tijd om een serieuze visie op hoogbouw te ontwikkelen. Niet alleen waar de stad hoogbouw wil, maar ook wat de voorwaarden zijn om de hoogbouw goed in te passen in het stedelijk weefsel. Er was meer kennis nodig en deze werd uiteindelijk in Londen gevonden.

De metropool Londen heeft een nadrukkelijke relatie naar hoogbouw. In de periode dat Rotterdam met het Witte Huis de 42 meter haalde in hoogte en hiermee het hoogste kantoor van Europa had, werd in Londen Queen Anne's Mansion

gebouwd, een appartementencomplex van 49 meter hoog. Ook hier zorgde zo'n hoog woongebouw voor een andere houding en aanzien voor hoogbouw. In allerijl werden er regels gemaakt voor maximale bouwhoogtes in de stad.

Het duurde tot 1950 voordat er in Londen

Het 151 meter hoge kantoorgebouw Delftse Poort in aanbouw, voor de oplevering in 1991.
The 151-metre-high Delftse Poort office building under construction, before completion in 1991.

eventually be a concentration of functions linked to public transport (Central Station and the metro running under the axis). The idea of clustering offices on the high-rise axis was to create an exclusive environment that would be of particular interest to international companies as well as allowing offices elsewhere in the city centre to be transformed into housing.

What this policy framework advocated was to guide plans for high-rise in the city. Without a policy, there was always a debate about where tall buildings were wanted, and not wanted. Rotterdam chose to cluster high-rise, making a concentration of functions (and people) explicitly linked to public transport.

New knowledge required

With high-rise the new DNA for Rotterdam and the prospect of many more tall buildings, it was time to develop a serious vision for high-rise. Not only concerning where the city wants high-rise, but also what the conditions are for the buildings to fit well into the urban fabric. More knowledge was needed and it was eventually found in London.

The London metropolis has a strong relationship with high-rise. At the time that Rotter-

echt werd nagedacht over hoe hoogbouw voor verdichting van de stad kon zorgen. In de City mocht er gebouwd worden tot een hoogte van 46 meter en daarbuiten tot 38 meter. Het idee was dat hoge gebouwen leidden tot hogere dichtheden, iets wat met lage(re) bouwblokken rond binnenterreinen niet bereikbaar was. Hiertoe werd er door het Town Planning Committee in 1956 richtlijnen voor hoogbouw gemaakt. Op basis van de grootte van de plot werd er een maximale hoogte gekoppeld ('plot ratio system'). Ook moest er op de begane grond ruimte gemaakt worden voor publieke ruimte. Hoogbouw leidde volgens het Town Planning Committee tot beter zicht, genoeg daglicht in woningen, en geen hinder door mist of overlast van geluid. Hoogbouw, mits goed doordacht en goed ontworpen, zou een aanwinst kunnen zijn voor de Londense skyline.

Ontwikkelaars en architecten zagen genoeg kansen in dit nieuwe besluit van de gemeente. Hogere gebouwen waren mogelijk door het 'plot ratio system': door gebouwen te maken die terug lagen van de gevellijn en/of publieke ruimte te maken op de begane grond in het gebouw mocht er hoger worden gebouwd (deze voorschriften waren eerder al in New York ingevoerd).

Londen stadscentrum, 1978.
London city centre, 1978

dam reached 42 metres in height with the Witte Huis, making it the tallest office in Europe, Queen Anne's Mansions, a 49-metre-high block of flats, was being built in London. Here too, a tall residential building such as this created a different attitude and regard for high-rise. In great haste, rules were made for maximum building heights in the city.

It took until 1950 before real thought was given in London to how high-rise could provide densification for the city. In the City of London, construction was allowed up to a height of 46 metres and outside it up to 38 metres. The idea was that tall buildings led to higher densities, something that could not be achieved with lower building blocks built around courtyards. For this purpose, guidelines for high-rise were drawn up by the Town Planning Committee in 1956. A maximum height was linked to the size of the plot ('plot ratio system'). Room on the ground floor was also required to be made for public space. According to the Town Planning Committee, high-rise buildings led to better visibility, enough daylight in homes, and no interference from fog or noise nuisance. High-rise, if well thought out and well designed, could be an asset to the London skyline. Developers and architects saw plenty of opportunities in this new decision by the

In 1962 werd dit beleid aangevuld met voorschriften ten aanzien van dichtheid, verkeersimplicaties en esthetische kwaliteit. Ook werd er nadrukkelijker gekeken naar het effect van hoogbouw op de skyline.

Uiteindelijk leidde dit tot meer dan twintig gebouwen boven de 100 meter, gerealiseerd in de periode tussen 1950 en 1990, en een veelvoud van gebouwen hoger dan de voorgeschreven 48 meter, die in 1950 als maximum werd gehanteerd.

Hiermee liep Londen dus ver vooruit op de meeste Europese steden als het gaat om kennis en ervaring bij het realiseren van hoogbouw in de bestaande stad, een vorm van verdichting.

In de periode waarin Londen een voorlopersrol had als het gaat om het ontwikkelen van een visie en de realisatie van hoogbouw in Europa, werkte het Londense adviesbureau voor ruimtelijke planning DEGW aan veel van deze hoogbouwprojecten. Behalve in Rotterdam was het bureau als adviseur ook al gevraagd in

Amsterdam, Almere en Utrecht om mee te denken over hoogbouwprojecten. DEGW combineerde marktonderzoek, advies en ontwerp als uitgangspunt bij het nadenken over hoogbouw. Startend met marktdata en onderzoek werd er voor private investeerders uiteindelijk een ontwerp gemaakt.

Stedenbouwkundig plan Wijnhaven, KCAP, 1996.
Urban design plan Wijnhaven, KCAP, 1996.

municipality. Taller buildings were possible because of the plot ratio system: by making buildings set back from the frontage line and/or making public space on the ground floor inside the building, greater heights were allowed (these regulations had previously been introduced in New York). In 1962, this policy was supplemented with regulations on density, traffic implications and aesthetic quality. It also looked more explicitly at the effect of high-rise buildings on the skyline.

This eventually led to more than 20 buildings over 100 metres, realized in the period between 1950 and 1990, and a multitude of buildings taller than the prescribed 48 metres, which was set as the maximum in 1950. As a result, London was far ahead of most European cities in terms of knowledge and experience in realizing high-rise in the existing city, a form of densification.

During the period when London was at the forefront of developing a vision and realizing high-rise in Europe, London-based spatial-planning consultancy DEGW worked on many of these high-rise projects. Besides in Rotterdam, the bureau had already been asked as a consultant in Amsterdam, Almere and Utrecht to help think about high-rise projects. DEGW combined market research, consultancy and design as starting point

Vanwege hun ervaring met hoogbouw en hun vernieuwende aanpak om de private markt te verleiden hoogbouw te realiseren, werd DEGW gevraagd om mee te schrijven aan het eerste hoogbouwbeleid van Nederland, de 'Hoogbouwvisie uit 2000' voor Rotterdam. Een van de toenmalige partners, John Worthington, zou ook na de vaststelling van de Hoogbouwvisie voor Rotterdam aanblijven als adviseur in het nieuwe gemeentelijke hoogbouwteam, een aparte welstands-commissie voor hoogbouw.

De eerste Rotterdamse hoogbouwvisie

'Een strategie voor intensivering en innovatie' was de ondertitel van het advies 'Hoogbouw Rotterdam', dat DEGW in 1998 maakte in opdracht van gemeente. Het bureau stelde dat er drie vragen centraal moeten staan in hoogbouwbeleid, steden met een langere traditie op dat gebied in aanmerking genomen: waar moet de hoogbouw in de stad komen, hoeveel moet er worden toegestaan, hoe hoog moeten deze gebouwen zijn binnen de huidige stad.

Rotterdam heeft een 'polycentrische' opzet door de rivier. De skyline van Rotterdam miste volgens DEGW een evenwichtige en duidelijke vorm, deels vanwege de omvang en deels omdat deze nog in ontwikkeling was. Door in te zetten op twee

De WTC toren rust op een betonnen tafel die wordt gedragen door acht kolommen in de hal. Hierdoor is het ruimteverlies in de beurszaal minimaal. De ellipsvorm, de groene kleur van het glas en de aluminium gevelpanelen zijn gebaseerd op vorm- en kleurmotieven in het oorspronkelijke beursgebouw. van J.F. Staal.

The WTC tower rests on a concrete table supported by eight columns in the hall. This minimizes the loss of space in the exhibition hall. The elliptical shape, the green colour of the glass and the aluminum façade panels are based on the shape and colour motifs in the original stock exchange building designed by J.F. Staal.

when considering high-rise. Beginning with market data and research, a design was ultimately created for private investors.

Because of their experience with high-rise and their innovative approach to enticing the private market to realize high-rise buildings, DEGW was asked to co-write the Netherlands' first high-rise policy, the 'Hoogbouwvisie (High-Rise Vision)' in 2000 for Rotterdam. One of the partners at the time, John Worthington, stayed on as an advisor in the new municipal high-rise team, a separate aesthetic-quality committee for high-rise buildings, even after the high-rise vision for Rotterdam was adopted.

An initial vision on high-rise

'A strategy for intensification and innovation' was the subtitle of the 'High-rise Rotterdam' advice, which DEGW was commissioned to produce by the municipality in 1998. The bureau argued that three questions should be central to high-rise building policy, taking into consideration cities with a longer tradition in that area: where should high-rise buildings be located in the city, how many should be allowed, and how high should these buildings be within the current city.

Rotterdam has a 'polycentric' layout due to the river. The Rotterdam skyline lacked a

knooppunten met hoogbouw, namelijk het Centraal Station aan de noordzijde en kruising Putselaan/Oranjeboomstraat aan de zuidzijde, zou er een 'vallei' ontstaan waarin de rivier ligt.

Een belangrijke opmerking was dat hoogbouw niet altijd bijdraagt aan levendigheid en goede openbare ruimte. De meeste hoogbouw staat in monofunctionele omgevingen waarin uitsluitend wordt gewerkt. Door het toevoegen van woningen en bijbehorende voorzieningen kan zo'n gebied veranderen van karakter. Probeer in hoogbouw een mix te krijgen waarbij er minimaal 20 procent ander programma aanwezig is. Maximaliseer de interactieve mogelijkheden van de voorgevel, zorg voor meerdere (voor)deuren en minimaliseer het aantal ruimtes voor dienstverlening op de begane grond. Probeer daarnaast om met een 'aanmoedigingsplan' kleinere en minder winstgevende functies een plek te geven in hoogbouw.

DEGW stelde een plan voor met twee knooppunten van superhoogbouw tot 180 meter met daaromheen een schil van gebouwen tot 100 meter en vervolgens een zone tot 50 meter als overgang naar de bestaande stad. Deze laatste zone werd door DEGW benoemd als 'groundscraper' (een

Erasmusbrug in aanbouw en Wilhelminapier in ontwikkeling, 1996. Erasmus Bridge under construction and Wilhelminapier under development, 1996.

balanced and clear shape, according to DEGW, partly because of its size and partly because it was still under development. Focusing on two nodes with high-rise, Central Station on the north side and the Putselaan/Oranjeboomstraat junction on the south side, would create a 'valley' where the river lies.

A key observation was that high-rise does not always contribute to liveliness and good public space. Most high-rise buildings are in monofunctional environments in which people exclusively work. Adding housing and associated facilities can change the character of an area like this. In high-rise, try to get a mix where at least 20% other programme is present. Maximize the interactive potential of the frontage, provide several entrance doors and minimize the number of spaces for services on the ground floor. In addition, try using an 'incentive plan' to give smaller and less profitable functions a place in high-rise buildings.

DEGW proposed a plan with two nodes of super high-rise up to 180 metres surrounded by a group of buildings up to 100 metres and then a zone up to 50

term die later weer wordt gerecycled in het Binnenstadsplan uit 2008). Een laatste aanbeveling die DEGW deed, was het voorstel om computermodellen te gebruiken om de impact van hoogbouw op de kwaliteit van de omgeving te bepalen (zoals schaduwhinder). Het ging dan vooral om 3D-modellering van het gebouw en de effecten die het had op de directe omgeving.

Deze adviezen werden uiteindelijk deels overgenomen in de Hoogbouwvisie van 2000. Hierin werd de hoogbouw-as die eerder in het Binnenstadsplan was beschreven, uitgebreid met Parkstad op de Zuidoever (Putselaan/Oranjeboomstraat). In de hoogbouwzone waren inmiddels veertien torens gerealiseerd, waarvan tien boven de 70 meter. Daarnaast was er rond het jaar 2000 al een aantal nieuwe ontwikkelingen, zoals De Hoge Heren, KPN-toren en het kantoorgebouw van Ernst & Young aan de Boompjes.

In de hoogbouwvisie moest er voor hoogbouw een duidelijke link zijn met een openbaarvervoerknooppunt. Met de voorgestelde verdichting lag een koppeling met openbaar vervoer voor de hand. Ook in steden als Londen en New York was dit een uitgangspunt bij de verdichting van de stad. De metrolijnen

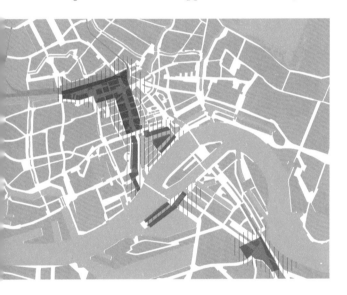

Hoogbouwplan Rotterdam 2000.
High-rise plan Rotterdam 2000.

metres as transition to the existing city. The latter zone was named 'groundscraper' by DEGW (a term later recycled in the Inner-city Plan 2008). A final recommendation made by DEGW was the proposal to use computer models to determine the impact of high-rise buildings on the quality of the surroundings (for instance shadow nuisance). This mainly involved 3D modelling of the building and the effects it had on its immediate surroundings.

These recommendations were eventually partly adopted in the High-rise Vision of 2000. This extended the high-rise axis previously described in the Inner-city Plan to include Parkstad on the south bank (Putselaan/Oranjeboomstraat). By now, 14 towers had been realized in the high-rise zone, 10 of which were above 70 metres. There were also a number of new developments around the year 2000, such as De Hoge Heren, KPN tower and Ernst & Young's office building on Boompjes.

The high-rise vision required high-rise to have a clear link to a public-transport node. In light of the proposed densification, a link to public transport was a logical choice. In cities like London and New York, this was also a starting point for urban

die de stad doorkruisen, met hieraan gekoppeld de twee intercitystations, kwamen mooi overeen met de hoogbouwzone zoals deze beschreven was. Daarnaast werden er ambities omschreven voor de invloed van hoogbouw op de directe omgeving, iets wat hiervoor eigenlijk niet gedaan werd.

Over de architectuur van de gebouwen zelf werden er uitspraken gedaan met betrekking tot flexibiliteit (hoe kan een hoogbouw in de toekomst met wellicht een andere functie nog steeds functioneren), multifunctionaliteit (het mengen van functies in een gebouw), duurzaamheid en 'place', waarmee bedoeld werd dat er een publieke plint moest komen.

Omdat hoogbouw bepalend is voor de identiteit van de stad en zo nadrukkelijk aanwezig is, verdiende de vormgeving van de architectuur een meer dan gemiddelde aandacht. Naast het formuleren van een eerste hoogbouwbeleid, werd er een aparte Welstandskamer ingesteld. In deze kamer zaten de voorzitter van welstand, twee leden van welstand en vijf externe deskundigen op het gebied van respectievelijk stadssociologie, stedenbouw-fysica, duurzaamheid, bouw-constructie en stedenbouw.

De 95 meter hoge Marconitorens zijn in 1968 ontworpen als wereldhandels-centrum aan de Leuvehaven, maar in 1975 aan het Marconiplein opgeleverd onder de naam Europoint.
The 95-metre-high Marconi Towers were designed in 1968 as a world trade centre on the Leuvehaven, but were completed in 1975 on the Marconiplein under the name Europoint.

densification. The metro lines crossing the city, with the two intercity stations linked to them, corresponded nicely to the high-rise zone as described. In addition, ambitions were defined for the impact of high-rise on the immediate surroundings, something that had not really been done before.

On the architecture of the buildings themselves, statements were made regarding flexibility (how can a high-rise building continue to function in the future with perhaps a different function), multifunctionality (mixing functions in a building), sustainability and 'place', by which was meant the need for a public plinth.

Because high-rise buildings define the city's identity and have such a prominent presence, the design of the architecture deserved more than average attention. Besides formulating an initial high-rise policy, a separate Aesthetic-quality board was established. On this board sat the chair of aesthetic quality, two members of aesthetic quality and five external experts in the fields of urban sociology, urban building physics, sustainability, building construction and urban design, respectively.

Clusters van hoogbouw

Rond het Centraal Station bestond al enige tijd een organisch gegroeide cluster van hoge(re) gebouwen, waaronder de Shell-toren, de Delftse Poort en Weenapoint. Over de Maas, op de Kop van Zuid, werd de Wilhelminapier van een cluster van torens voorzien. In het stedenbouwkundig plan van Teun Koolhaas uit 1987 werden er aan de noordzijde van de Wilhelminapier hoge gebouwen tot 135 meter voorgesteld. Dit plan werd in 1995 door Sir Norman Foster herzien, waarmee er een getrapte opbouw ontstond op de Wilhelminapier. De hoogste gebouwen aan de Maaszijde (135 meter), middelhoog op de plek van de oude pakhuizen en de laagste bebouwing aan de Rijnhavenzijde. Met dit masterplan als ruimtelijke richtlijn is de KPN-toren van de architect Renzo Piano gebouwd, evenals het World Port Center (WPC) ontworpen door Fosters eigen bureau.

Met de opening van de Erasmusbrug (139 meter hoog) in 1996, de verplaatsing van de rechtbank en de bouw van het Nieuwe Luxor Theater ontstond er een nieuwe

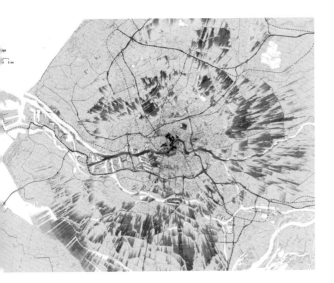

stuk stad met stedelijke voorzieningen. Via het ondergrondse nieuwe metrostation Wilhelminaplein werd het mogelijk om in tien minuten van het Centraal Station op de Wilhelminapier te

DGEW studie zichtbaarheid gebouwen hoger dan 50 meter. DGEW study into visibility of buildings higher than 50 metres.

High-rise clusters

An organically grown cluster of taller buildings had existed around Central Station for some time, including the Shell tower, Delftse Poort and Weenapoint. Across the River Maas, on the Kop van Zuid, the Wilhelminapier was provided with a cluster of towers. Teun Koolhaas's 1987 urban design plan proposed tall buildings of up to 135 metres on the north side of the Wilhelminapier. This plan was revised by Sir Norman Foster in 1995, creating a stepped structure on the Wilhelminapier, with the tallest buildings on the Maas side (135 metres), medium-rise on the site of the old warehouses and the lowest buildings on the Rijnhaven side. Using this master plan as a spatial guideline, the KPN tower by architect Renzo Piano was built, as was the World Port Center (WPC) designed by Foster's own firm.

With the opening of the Erasmus Bridge (139 metres high) in 1996, the relocation of the courthouse and the construction of the New Luxor Theatre, a new piece of city with urban amenities was created. The new underground Wilhelminaplein metro station made it possible to get from Central Station to the Wilhelminapier in 10 minutes. Initial plans for the Wilhelminapier also included an underground rail link from the

komen. Tot de eerste plannen voor de Wilhelminapier behoorde ook nog een ondergrondse railverbinding van het metrostation naar alle kernen van de nieuwe gebouwen op de Wilhelminapier. Hiermee hoopte men dat de Wilhelminapier de concurrentie kon aangaan met de gebieden rond de Weenatoren en de Blaaktoren. (Wat er rest van de geplande railverbinding zijn de horizontale roltrappen onder het kruispunt door naar de Wilhelminapier. Deze doorgang werd al gemaakt bij het aanleggen van het kruispunt en heeft uiteindelijk deze functie gekregen.) Vanaf de eerste schetsen voor de middenzone op de Wilhelminapier ontstond er weerstand tegen de sloop van de pakhuizen. Het bombardement had veel cultuurhistorisch erfgoed verwoest en inmiddels werd er opnieuw veel gesloopt (ook recentere gebouwen in de binnenstad) om plaats te maken voor nieuwe gebouwen. Om toch het gewenste aantal vierkante meters vloeroppervlak te verkrijgen werd er in 2002 gekozen om de zone met de pakhuizen (van Hotel New York tot aan 't Leidsche Veem) te sparen en aan de zuidkant van de pier hoogbouw mogelijk te maken. De torens moesten zo gepositioneerd worden dat er nog steeds voldoende licht op de noordzijde van de pier zou zijn. Ook werden de straten tussen de pakhuizen letterlijk doorgetrokken in de hoge gebouwen aan de noordkant; de zuidkant van de strip met pakhuizen moest eveneens toegankelijk blijven voor

De torens van de Delftse Poort staan op kolommen aan weerszijden van het metrotracé op een soort tafelconstructie. Een derde bouwdeel van 36 meter hoogte ligt hiertussen. De torens zijn los gehouden van een onderbouw van zestien meter hoogte die het complete kavel van 100 meter bij 100 meter vult. Tot 2005 was dit het hoogste gebouw van Nederland.

The Delftse Poort towers stand on columns on either side of the metro line on a kind of table construction. A third building section 36 metres high lies between them. The towers are kept separate from a substructure 16 metres high that fills the entire plot of 100 metres by 100 metres. Until 2005, this was the tallest building in the Netherlands.

metro station to all the cores of new buildings on the Wilhelminapier. With this plan, it was hoped that the Wilhelminapier could compete with the areas around the Weenatoren and the Blaaktoren. (What remains of the planned rail link are the horizontal escalators leading from the intersection through to the Wilhelminapier. This passage was already made when the intersection was constructed and was eventually given this function).

From the first sketches for the middle zone on the Wilhelminapier, there was resistance to the demolition of the warehouses. The bombardment in 1940 had destroyed a large amount of cultural and historical heritage, and a great deal was once again being demolished (including more recent buildings in the city centre) to make way for new buildings. In order to still achieve the desired number of square metres of floor space, the decision was taken in 2002 to spare the zone with the warehouses (from Hotel New York to 't Leidsche Veem) and allow high-rise on the south side of the pier. The towers had to be positioned so that there would still be enough light on the north side of the pier. Also, the streets between the warehouses were literally extended into the tall buildings on the north side; the south side of the strip of warehouses similarly had to remain accessible to pedestrians and visitors (in De

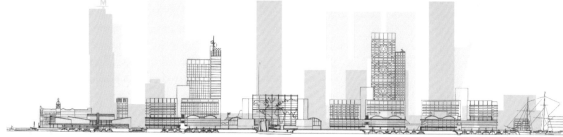

Stedenbouwkundig plan voor de Wilhelminapier van Teun Koolhaas, 1987 geprojecteerd over plan ds+v, 2002.
Urban design plan for the Wilhelminapier by Teun Koolhaas, 1987, projected over ds+v plan, 2002.

Stedenbouwkundig plan voor de Wilhelminapier van sir Norman Foster, 1995.
Urban design plan for the Wilhelminapier by Sir Norman Foster, 1995.

voetgangers en bezoekers (in De Rotterdam, het 150 meter hoge gebouw van OMA, laat de glazen passage dit het mooiste zien). De bouwhoogte voor de torens werd opgetrokken van 135 naar 150 meter. Door deze ophoging bleef er ongeveer net zoveel programma over als in het oudere plan voor de Wilhelminapier.

Tijdens het maken van de plannen van de Kop van Zuid deed de computer langzaamaan zijn intrede. De eerste bezonningsdiagrammen werden nog met de hand getekend. Een tijdrovend en secuur werkje wat per tekening alleen een beeld gaf van een bepaalde dag met een bepaalde tijd. Als iemand wilde weten wat de gevolgen waren voor de bezonning op 21 maart en 21 juli (de data die hiervoor het vaakst worden gebruikt) moesten er dus per dag twaalf tekeningen worden gemaakt (voor elk uur met zon één tekening). Voor de Wilhelminapier werden er rond 2000 voor het eerst computers gebruikt om dit te doen. Met een 3D-model van de Wilhelminapier kon dit binnen een paar minuten bekeken worden.

In mindere mate gold dit ook voor mogelijke windhinder. De rekenkracht van een computer gekoppeld aan een model in de windtunnel gaf de mogelijkheid om de hele Wilhelminapier door te meten.

De Wilhelminapier met links het voormalige hoofdkantoor van de Holland Amerika Lijn waar in 1993 de eerste ondernemer die zich hier durfde te vestigen Hotel restaurant New York opende. The Wilhelminapier with the former head office of the Holland America Line on the left, where in 1993 the first entrepreneur who dared to settle here opened Hotel restaurant New York.

Rotterdam, OMA's 150-metre-high building, the glass passage shows this most clearly). The building height for the towers was raised from 135 to 150 metres. This additional height meant there was roughly just as much programme as in the older plan for the Wilhelminapier.

During the making of the plans for the Kop van Zuid, computers slowly made their appearance. The first sunlight diagrams were still drawn by hand: a time-consuming and meticulous job that only gave a picture of a certain day at a certain time per drawing. So, if someone wanted to know the effects on sunlight on 21 March and 21 July (the dates most often used for this purpose), 12 drawings had to be made per day (one drawing for each hour with sun). For the Wilhelminapier, computers were first used to do this around the year 2000. With a 3D model of the Wilhelminapier, this could be viewed within minutes.

To a lesser extent, this also applied to potential wind nuisance. The processing power of a computer coupled with a model in the wind tunnel gave the opportunity to

Hiermee werd inzichtelijk dat er op een aantal punten in het ontwerp voor de Wilhelminapier plekken waren met uitermate slecht windklimaat. Door de ligging in de rivier en een overheersende westenwind die dwars door de straten 'blaast', ontstaan er plekken rond de nieuwe gebouwen waar het echt kan spoken. Ingrepen die uiteindelijk bedacht zijn om dit tegen te gaan, zijn bijvoorbeeld de grote luifel rondom het WPC, en de plaatsing van kunstwerken op plekken waar het echt gevaarlijk kon worden, zodat je daar niet kan lopen of fietsen.

Aan de andere kant van de Maas maakte KCAP in 1991 de eerste schetsen voor het Wijnhaveneiland. Over het gebied werd al langer nagedacht. Sinds de jaren 1980 is het eiland onder de naam Waterstad al meerder malen object van onderzoek geweest van diverse bureaus om te verkennen hoe de stad hier kan worden verdicht en hoe de levendigheid kan worden vergroot. Het idee van KCAP was om de naoorlogse gebouwen te behouden en hierop slanke hoogbouw te maken. In tegenstelling tot de Wilhelminapier is hier niet gekozen voor een dichtgetimmerd masterplan, maar is er een plan gemaakt waarin hoogte en volume van de nieuwe torens samenhangen met de vierkante meters grond die een ontwikkelaar heeft. Deze mathematische regels voor het

Metrostation Wilhelminapier, geopend in 1997. Metro station Wilhelminapier, opened in 1997.

measure the entire Wilhelminapier. This revealed that at a number of points in the design for the Wilhelminapier, there were spots with an extremely poor wind climate. Due to its location on the river and a prevailing westerly wind that 'blasts' right through the streets, there are spots around the new buildings where it can get really wild. Interventions eventually devised to counter this include the large canopy around the WPC, and placing artworks at spots where it could become really dangerous, so that people cannot walk or cycle there.

On the other side of the Maas, KCAP made the first sketches for the Wijnhaven island in 1991. The area had been under consideration for some time. The island has been the object of study by various bureaus on several occasions since the 1980s, under the name Waterstad (Water City), to explore how to densify the city here and increase its liveliness. KCAP's idea was to preserve the post-war buildings and create slender high-rise buildings on top of them. Unlike the Wilhelminapier, the choice here was not for a densely packed master plan, but a plan in which height and volume of the new towers were linked to the square metres of land a developer has. These

Wijnhaveneiland, die nog steeds gelden, gaan verder over het maximumaantal vierkante meters die een toren mag hebben en de maximale bouwhoogte, en ze geven principes voor *setbacks* (hoever de verdiepingen terugliggen ten opzichte van de onderbouw). Voor de torens zelf werd een maximaal volume bedacht, waarbij er een vrij ingewikkelde regel werd (en nog wordt) gehanteerd die gekoppeld is aan de maximale diagonaal (tussen twee punten van het gebouw). Als laatste werd er ook een maximumtoename van het aantal vierkante meters programma per ontwikkeling voorgeschreven. Deze werd op 55.000 m³ gezet.

Wat de slankheids- en de volumeregels ook probeerden te regelen, was een kwaliteitsminimum wat betreft uitzicht en bezonning in elke bouwvariant. Waaraan deze regels wellicht minder aandacht besteden, is een minimale afstand tussen de torens. Als punt van kritiek kan worden aangevoerd dat er naast de complexiteit van de rekenregels, enkele gerealiseerde torens wel heel dicht bij elkaar staan. Evenzo, volgens de slankheids- en volumeregels was er nu voor het hele gebied niet één plan mogelijk, maar meerdere ontwerpen, op basis van eigendom van de grond. In 2003 werd de eerste hoogbouw met deze regels gerealiseerd, Harbour Village, en het jaar daarop de Waterstadtoren. Daarna kwam, mede door de financiële crisis, de klad in de ontwikkelingen. Verschillende initiatieven werden uitgesteld, maar in 2009 werd de Red Apple opgeleverd en in 2013 100Hoog.

Wijnhaven gezien vanuit het oosten richting stadscentrum.
Wijnhaven seen from the east, looking towards the city centre.

mathematical rules for the Wijnhaven island, which still apply, continue on about the maximum number of square metres a tower can have and the maximum building height, and they provide principles for setbacks (how far the floors are set back from the building underneath). For the towers themselves, a maximum volume was devised, using a rather complicated rule linked to the maximum diagonal (between two points of the building). This rule is still being utilized. Finally, a maximum increase in square metres of programme per development was also prescribed. This was set at 55,000 m³.

What the slenderness and volume rules tried to regulate was a minimum quality in terms of the view and sunlight in every building variant. Something these rules perhaps pay less attention to is a minimum distance between towers. As a point of criticism, it can be argued that besides the complexity of the calculation rules, some realized towers are very close to each other. Likewise, under the slenderness and volume rules, no single plan was now possible for the whole area, but several designs, based on ownership of the land. In 2003, the first high-rise under these rules was realized, Harbour Village, and the following year the Waterstadtoren. After that, partly due to the financial crisis, things took a turn for the worse. Several initiatives

Europese hoogbouw

De Rotterdamse gebiedsontwikkeling met hoogbouw was overigens niet uniek in Europa. Een andere stad die hoogbouw in Europa op de kaart heeft gezet én heeft gebruikt als branding is Frankfurt (Mainhattan, Manhattan aan de Main). Frankfurt en Rotterdam maakten een vergelijkbare groei door. In beide steden was de bouwhoogte in de wederopbouw rond de 30 meter. Het idee van Frankfurt was nooit om hoogbouw te maken, maar als financieel centrum van Europa was het ook dé vestigingslocatie voor banken. De vorming van een financieel district maakte dat er telkens maar weer aanvragen voor torens kwamen. Uiteindelijk heeft Frankfurt drie hoogbouwclusters aangewezen waarbij richtlijnen zijn opgesteld voor de stad op ooghoogte, publieke ruimte en parkeren. Buiten deze zones is de maximale bouwhoogte 20 meter. Met de SGZ-Bank van 115 meter, opgeleverd in 1972, werd in Frankfurt voor het eerst boven de 100 meter gebouwd.

Vanaf de uitvinding van de lift tot ongeveer 2000 werd er in Europa maar

weinig hoogbouw gemaakt. Londen (vanaf de jaren 1960), Frankfurt en Rotterdam (beide vanaf de jaren 1970) waren de Europese koplopers. Tussen deze steden was er in deze tijd een zekere samenwerking. Doordat steeds hoger bouwen

Financieel district Frankfurt.
Financial district Frankfurt.

were delayed, but the Red Apple was completed in 2009 and 100 Hoog in 2013.

European high-rise

Rotterdam's high-rise area development was not unique in Europe, however. Another city that has put high-rise on the map in Europe and also used it as branding is Frankfurt (Mainhattan, Manhattan on the Main). Frankfurt and Rotterdam have experienced similar growth. In both cities, the building height during post-war reconstruction was around 30 metres. It was never Frankfurt's idea to create high-rise, but as the financial centre of Europe it was also the location of choice for banks. The formation of a financial district meant that requests for towers kept coming. In the end, Frankfurt identified three high-rise clusters where guidelines were set for the city concerning eye level, public space and parking. Outside these zones, the maximum building height is 20 metres. The 115-metre SGZ Bank, completed in 1972, marked the first time Frankfurt built above 100 metres.

From the invention of the lift until around the year 2000, very few high-rise buildings were made in Europe. London (from the 1960s), Frankfurt and Rotterdam (both from

ROBECO ALLIANZ TOWER | 1991 | Coolsingel | Architect: Wim Quist | Kantoorgebouw van 21 verdiepingen, 95 meter hoog en een totaal vloeroppervlak van 19.000 m². Office building of 21 floors, 95 metres in height and a total floor area of 19,000 m².

telkens weer vroeg om nieuwe kennis en inzichten heeft het ook geleid tot een aantal hoogbouwontwikkelingen die soms weer hebben geleid tot nieuwe inzichten en lessen. Deze werden door deze steden weer gebruikt om meer en betere hoogbouw te maken én deze kennis werd onderling ook weer gedeeld. Er een verschil tussen de meer restrictieve manier van planning in Nederland en Duitsland en de meer liberale manier van bouwen in Groot-Brittannië. Een overeenkomst is dat de bebouwing in bijna alle Europese steden een lage tot gemiddelde hoogte heeft, afgewisseld met solitaire clusters hoogbouw bij openbaarvervoerknooppunten. In het algemeen kan er ook worden gesteld dat, in tegenstelling tot de Amerikaanse en Aziatische steden, de middeleeuwse structuren in Europese steden ervoor hebben gezorgd dat er veel minder hoogbouw is gemaakt.

In het ontwerp van de ROBECO toren is rekening gehouden met het nabijgelegen Schielandhuis en het Erasmushuis. Zo is het gebouw neergezet op basis van het oude stratenplan van voor de oorlog en is de gevel spiegelend gemaakt om het Schielandhuis beter zichtbaar te maken. Hiermee onttrekt het gebouw zich aan de straatwand van de Coolsingel en houdt het de lijn aan van de oude Coolsingel, nu Schiedamse Vest.

The nearby Schielandhuis and the Erasmushuis were taken into account the design of the ROBECO tower. For example, the building was built on the basis of the old street plan from before the war and the façade was made reflective to make the Schielandhuis more visible. In this way, the building withdraws from the street wall of the Coolsingel and maintains the line of the old Coolsingel, now Schiedamse Vest.

the 1970s) were the European leaders. There was some cooperation between these cities at this time. As ever-higher building constantly demanded new knowledge and insights, it also led to a number of high-rise developments, some of which in turn led to new insights and lessons. These were then used by these cities to make more and better high-rise buildings, and this knowledge was also shared between them. There is a difference between the more restrictive way of planning in the Netherlands and Germany and the more liberal way of building in the United Kingdom. One similarity is that buildings in almost all European cities are of low-to-medium height, interspersed with solitary clusters of high-rise at public-transport nodes. In general, it can also be said that, unlike American and Asian cities, medieval structures in European cities have meant that far fewer high-rise buildings have been built.

HOOGBOUW
IN HOUT HIGH-RISE
IN WOOD

Beton, staal en glas zijn de eerste materialen waaraan de meeste mensen denken bij hoogbouw. Maar daar zal wel eens verandering in kunnen komen. Dankzij technische innovatie enerzijds en de noodzaak van een meer duurzame benadering anderzijds, is hout als bouwmateriaal in opkomst. Beter gezegd: terug van weggeweest. Maar hoewel hout een van de oudste bouwmaterialen van de mensheid is, is de toepassing in hoogbouw nieuw en in ontwikkeling. Het relatief kleine Noorse architectenbureau Voll Arkitekter ontwierp en bouwde Mjøstårnet, een multifunctionele toren van 85,4 meter hoog; het hoogste gebouw ter wereld met een volledig houten constructie.

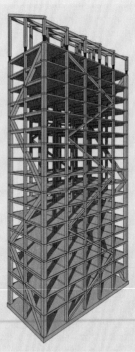

Øystein Elgsaas is architect en partner bij Voll Arkitekter. Hij plaatst het bouwen met hout graag in zijn historische context: 'Noorwegen heeft een lange traditie in het bouwen met hout. De Vindlausloftet, een middeleeuwse opslagschuur in Telemark, is waarschijnlijk het oudste seculiere houten gebouw van Europa, gebouwd van dennenhout

Concrete, steel and glass are the first materials most people think of with high-rise. But that could well change. Thanks to technical innovation, but also the need for a more sustainable approach, timber as a building material is on the rise. Or more accurately: back again. But although wood is one of humanity's oldest building materials, its application in high-rise is new and evolving. The relatively small Norwegian architectural firm Voll Arkitekter designed and built Mjøstårnet, a 85.4-metre-high mixed-use tower: the world's tallest building with an all-timber structure.

Øystein Elgsaas is architect and partner at Voll Arkitekter. He likes to place building with timber in its historical context: 'Norway has a long tradition of building with wood. The Vindlausloftet, a medieval storage barn in Telemark, is probably the oldest secular wooden building in Europe, built from pine felled around 1167. But in more recent history, until 1997 it was

dat rond 1167 gekapt is. Maar in de recentere geschiedenis, tot 1997, was het in Noorwegen verboden om houten huizen te bouwen die hoger waren dan drie verdiepingen. Die wetgeving ontstond na de grote stadsbrand in Ålesund in 1904, die meer dan tienduizend mensen dakloos maakte.' Sinds 1904 is er veel veranderd. Technologie voor de bouw is geïnnoveerd en veiliger geworden, maar in veel gevallen ook belastend voor het milieu, met een hoge uitstoot aan broeikasgassen. Bosbouw en het gebruik van hout slaan juist CO_2 op, wat het een duurzame materiaalkeuze maakt. Toch is dat wel aan voorwaarden gebonden, legt Elgsaas uit: 'De constructie van Mjøstårnet bestaat uit ongeveer 3.500 kubieke meter hout of ongeveer 14.000 bomen. Een gezonde en duurzame bosbouw is daarom erg belangrijk om een dergelijk project te laten slagen. De bossen moeten beheerd worden met een focus op de biologische diversiteit, de beschermende functies, productieve functies, sociaaleconomische functies, politieke functies, noem maar op. Gelukkig hebben Noorse boseigenaren een lange en goede traditie op het gebied van duurzaam bosbeheer.'

Hout of hybride?

Wat nu precies de definitie van een houten gebouw is, ligt genuanceerd. De Council of Tall Buildings and Urban Habitats (CTBUH) stelde in 2019 nieuwe richtlijnen op. In grote lijnen komen die erop neer dat alle elementen in de primaire structuur van een gebouw van hout gemaakt moeten zijn. Zijn bijvoorbeeld de liftschachten van beton, dan wordt het een hybride constructie genoemd. Elgsaas: 'Het hoogste houten gebouw ter wereld is op dit moment het Ascent-gebouw in Milwaukee. Maar dat is een hybride gebouw,

forbidden in Norway to build wooden houses higher than three storeys. That legislation was introduced after the great city fire in Ålesund in 1904, which left more than 10,000 people homeless.' A great deal has changed since 1904. Construction technology has experienced innovation and is safer, but in many cases also environmentally damaging, with high greenhouse-gas emissions. Forestry and the utilization of wood actually store CO_2, which makes it a sustainable material choice. However, that is subject to conditions, Elgsaas explains: 'The construction of Mjøstårnet consists of about 3,500 cubic metres of timber or about 14,000 trees. Healthy and sustainable forestry is therefore very important for a project like this to succeed. Forests need to be managed with a focus on biological diversity, protective functions, productive functions, socio-economic functions, political functions, you name it. Fortunately, Norwegian forest owners have a long and good tradition of sustainable forest management.'

Timber or hybrid?

The exact definition of a timber building is nuanced. The Council of Tall Buildings and Urban Habitats (CTBUH) established new guidelines in 2019. Broadly speaking, these mean that all elements in the primary structure of a building should be made of timber. If, for example, the lift shafts are made of concrete, then it is called a hybrid structure. Elgsaas: ‹The tallest timber building in the world at the moment is the Ascent building in Milwaukee. But that is a hybrid building, with concrete elements, so Mjøstårnet is still the tallest all-timber building.'

met betonnen elementen, dus Mjøstårnet is nog steeds het hoogste volledig houten gebouw'.

Duurzame lokale gebiedsontwikkeling

Voll Arkitekter werkte eerder voor de opdrachtgever en aannemer van Mjøstårnet, onder andere aan het 75 meter hoge Scandic Lerkendal Hotel en congrescentrum in Trondheim, destijds een van de grootste hotel- en congresgebouwen in Scandinavië en een van 's werelds meest energiezuinige hotels. Mjøstårnet moest een bewijs worden dat hoge gebouwen gebouwd kunnen worden met lokale middelen, lokale leveranciers en duurzame houtmaterialen. Maar er was ook de opdracht om de locatie, Brumunddal, 140 kilometer ten noorden van Oslo, op de kaart te zetten. Elgsaas: 'Brumunddal heeft nu nieuwe wandel- en fietsverbindingen tussen het stadscentrum en Mjøstårnet, het meer en het omliggende park. Voor de lokale bevolking is dit misschien wel het belangrijkste onderdeel van het project; niet de toren zelf, maar wat het heeft betekend voor de verdere ontwikkeling van het gebied.'

De tekentafel

Het ontwerp van het gebouw kende tijdens de ontwikkeling verschillende versies, legt Elgsaas uit: 'Het eerste ontwerp was een semi-transparant gebouw met veel glas in de gevel, waarbij de nadruk lag op het laten zien van de houtconstructie. Maar de complexiteit van de constructie in dat ontwerp was te groot, dus moesten we terug naar de tekentafel om binnen tijd en budget tot een bouwbare oplossing te komen. In plaats van glas werkten we het idee uit om houten panelen als belangrijkste gevelmateriaal te gebruiken.' De vorm

Sustainable local area development

Voll Arkitekter previously worked for the client and contractor of Mjøstårnet, including on the 75-metre-high Scandic Lerkendal Hotel and conference centre in Trondheim, at the time one of the largest hotel and conference buildings in Scandinavia and one of the world's most energy-efficient hotels. Mjøstårnet was to be proof that tall buildings can be built with local resources, local suppliers and sustainable timber materials. But there was also the task of putting the location, Brumunddal, 140 kilometres north of Oslo, on the map. Elgsaas: 'Brumunddal now has new walking and cycling links between the city centre and Mjøstårnet, the lake and surrounding parkland. For locals, this is perhaps the most important part of the project; not the tower itself, but what it has meant for the further development of the area.'

The drawing board

The design of the building went through several versions during its development, explains Elgsaas: 'The first design was a semi-transparent building with a lot of glass in the façade, which focused on showing the timber construction. But the complexity of the structure in that design was too great, so we had to go back to the drawing board to come up with a buildable solution within time and budget. Instead of glass, we worked out the idea of using wooden panels as the main material for the façade.' The architects derived the shape of the building from its hotel function, with the most efficient layout for hotel rooms. This created a narrow rectangular shape. The sloping roof has the ideal angle for installing solar panels.

Rocket&Tigerli, 100-meter-tall 32 storeys high woodconstructed housing block in Winterthur Switzerland by Schmidt Hammer Lassen

van het gebouw ontleenden de architecten aan de hotelfunctie, met een meest efficiente indeling voor hotelkamers. Hierdoor ontstond een smalle rechthoekige vorm. Het schuin aflopende dak heeft de ideale hoek om zonnepanelen te plaatsen.

Efficiënte constructie

De hoofdconstructie van het gebouw is niet van zomaar houten balken, maar van glulam: glued laminated timber. In het Nederlands ook wel lijmhout genoemd. Om dit te produceren, worden houten lamellen op een duurzame en vochtwerende manier met elkaar verlijmd, zó dat de houtnerf steeds in dezelfde richting loopt. In het ontwerpproces van Mjøstårnet vonden de architecten een systeem voor de constructie dat zowel efficiënt als sterk genoeg was om de hoogte, brandwerendheid en windkrachten aan te kunnen. Elgsaas: 'De draagconstructie bestaat uit glulam spanten langs de gevels en interne kolommen en balken. Die spanten vangen de krachten in horizontale en verticale richting op en geven het gebouw de nodige stijfheid.'

Brand als beheersbaar risico

In het verleden werd van bouwen met hout afgezien en zelfs verboden vanwege brandgevaar. Het leverde bij het ontwerp van Mjøstårnet meerdere uitdagingen op legt Elgsaas uit: 'We moesten rekening houden met de hoogte van het gebouw,

Efficient construction

The main structure of the building is not made from just any timber beams, but from glulam: glued laminated timber. Also called *lijmhout* (glue wood) in Dutch. To produce this, wooden slats are glued together in a durable and moisture-resistant manner so that the wood grain always runs in the same

direction. In the design process for Mjøstårnet, the architects found a system for the structure that was both efficient and sifficiently strong to cope with the height, fire resistance and wind forces. Elgsaas: 'The supporting structure consists of glulam trusses along the façades and internal columns and beams. The trusses absorb the forces in horizontal and vertical directions and give the building the necessary rigidity.'

Fire as controllable risk

In the past, building with timber was abandoned and even banned because of the risk of fire.
It posed several challenges when designing Mjøstårnet, explains Elgsaas: 'We had to take into account the height of the building, how the load-bearing capacity would be affected by a fire, the timber façade itself, the possibility of hidden fires between different building components and the amount of wood in the interior.' However, it is a risk

hoe de draagkracht zou worden beïnvloed door een brand, de houten gevel zelf, de mogelijkheid van verborgen branden tussen verschillende bouwcomponenten en de hoeveelheid hout in het interieur.' Toch is het een risico dat tegenwoordig erg beheersbaar is. 'Bij brand is hout zeer voorspelbaar, het brandt namelijk langzaam en de rookontwikkeling is matig. Hout kan ook relatief lang draagvermogen en stabiliteit behouden in het geval van brand.' De toepassing van glulam in de constructie had een groot voordeel, bleek uit onderzoek waarbij de grote kolommen in een oven werden geplaatst om 90 minuten te branden. 'De elementen zelf zien er groot uit, maar het oppervlak is relatief klein. Nadat de branders waren uitgeschakeld, gloeide het hout nog een tijdje na, maar na een paar uur daalde de temperatuur in alle geteste kolommen en stopte het branden.'

Inspiratie voor de toekomst

Het enthousiasme van Elgsaas en Voll Arkitekter voor het bouwen met hout gaat verder dan dit project. 'We vinden het spannend om te zien dat houtbouw een renaissance krijgt en we zijn er trots op dat we daaraan een bijdrage hebben geleverd.' Ze kijken met plezier naar de toekomst van houten hoogbouw. 'Net buiten Zürich, in Winterthur, komt het 100 meter hoge houten gebouw Rocket en Tigerli van de Deense architecten Schmidt Hammer Lassen. In september 2018 bezochten de architecten Mjøstårnet, en ik durf wel te zeggen dat ze inspiratie hebben opgedaan. We zien steeds meer projecten waarbij hout wordt gekozen als het belangrijkste bouwmateriaal, of het nu gaat om grote kantoorgebouwen, luchthavens, scholen of woonwijken. In veel opzichten is de sky the limit.'

that is very manageable these days. 'In a fire, wood is very predictable, as it burns slowly and smoke production is moderate. Wood can also retain load-bearing capacity and stability for a relatively long time in the event of fire.' The use of glulam in the structure had a significant advantage, as shown by research in which the large columns were placed in an oven to burn for 90 minutes. 'The elements themselves look big, but the surface area is relatively small. After the burners were switched off, the wood still glowed for a while, but after a few hours, the temperature in all the tested columns dropped and burning stopped.'

Inspiration for the future

Elgsaas and Voll Arkitekter's enthusiasm for building with timber goes beyond this project. 'We are excited to see timber construction having a renaissance and we are proud to have contributed to it.' They are eagerly looking forward to the future of timber high-rise. 'Just outside Zurich, in Winterthur, the 100-metre-high timber building Rocket&Tigerli by Danish architects Schmidt Hammer Lassen is in development. In September 2018, the architects visited Mjøstårnet, and I dare to say they were inspired. We are seeing more and more projects where timber is chosen as the main building material, whether for large office buildings, airports, schools or residential areas. In many ways, the sky's the limit.'

de stad op oog– hoogte

the city at eye level

De opkomst van de computer

De complexiteit die hoogbouw met zich meebrengt is, soms lastig te berekenen en te onderbouwen. Een mooi verhaal is dat toen Antoni Gaudí bezig was met het ontwerp van de Sagrada Família, hij een 'analoge computer' gebruikte om tot zijn ontwerp voor de basiliek te komen. De complexiteit van zijn ideeën in relatie tot de grootte en hoogte van het gebouw was moeilijk tot onmogelijk goed te tekenen. Hij tekende daarom de plattegrond van de kerk op het plafond van zijn werkplaats en bouwde met kettingen, met daaraan gewichten, de kerk onderste-boven als model op. Hierdoor kreeg hij een beter inzicht in draagconstructies, de ruimtes binnen, maat en schaal. En, eigenlijk gebeurt dit nog steeds. Alleen is de 'analoge computer' een digitale computer geworden. Denk aan de eerste grootschalige toepassingen van 3D-modellen rond de eeuwwisseling om tot een snelle visualisatie te komen hoe iets op een plek staat in relatie tot de omgeving; de eerste bezonningsstudies die ingeladen konden worden in tekenprogramma's; complexe berekeningen die nodig waren om een goed beeld te krijgen van het windklimaat rond nieuwe hoogbouw; tot aan de nieuwste digitale innovaties zoals het BIM-model, waarbij alle professioneel betrokkenen bij een nieuwe toren toegang hebben tot de tekeningen. Zo kan de liftbouwer direct in de tekeningen van de architect, kan de architect kijken wat de aannemer voor veranderingen heeft doorgevoerd, kunnen

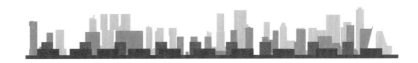

The rise of the computer

The complexity involved in high-rise is, at times, difficult to calculate and substantiate. There is a great story about when Antoni Gaudí was designing the Sagrada Família, that he used an 'analogue computer' to achieve his design for the basilica. The complexity of his ideas in relation to the size and height of the building was near impossible to draw well. So, he drew the floor plan of the church on the ceiling of his workshop and used chains with weights attached to build the church upside down as a model. This gave him a better understanding of load-bearing structures, the spaces inside, size and scale. And, in fact, this is still happening. Except that the 'analogue computer' has become digital. For instance, the first large-scale applications of 3D models at the turn of the century to achieve a quick visualization of how something stands in a place in relation to its surroundings; the first sunlight studies that could be loaded into drawing programmes; complex calculations needed to get a good picture of the wind climate around new high-rise buildings; and the latest digital innovations such as the BIM model, where all the professionals involved in a new tower have access to the drawings. This means that the lift builder can directly access the architect's drawings, the architect can see what changes the contractor has made, prefabricated parts can be drawn out precisely, et cetera. However, the digital revolution in high-rise

prefab-onderdelen precies worden uitgetekend, et cetera. De digitale revolutie in het maken van hoogbouw gaat echter veel verder dan direct het ontwerpen van het gebouw. Veel zaken in dit hoofdstuk hebben de basis in big data. Hiermee is echt een onderscheid te maken tussen de manier waarop de eerste hoogbouw werd gemaakt ten opzichte van de hoogbouw zoals daar vanaf omstreeks 2000 aan wordt gewerkt.

De Rotterdamse maat

Iedereen heeft wel eens beelden gezien van Manhattan. De lange brede 'avenues', die van noord naar zuid lopen, vol met gele taxi's, en de smallere 'streets', die van oost naar west lopen. Binnen dit raster van wegen zijn ongeveer tweeduizend lange blokken gebouwd van ongeveer 60 meter breed en gemiddeld 125 meter lang. Interessant aan deze opzet is dat er meestal nooit meer dan één toren op een bouwblok staat. Als we naar de opzet kijken van de bouwblokken in Rotterdam uit het wederopbouwplan, kunnen we vaststellen dat de bouwblokken veel kleiner zijn. De meeste blokken waarop in Rotterdam hoogbouw wordt gezet, zijn meer dan de helft kleiner en

De forse schaal van avenues en bouwblokken van Manhattan.
The giant scale of avenues and building blocks in Manhattan.

construction goes far beyond directly designing the building. Many things in this chapter have their basis in big data. This really distinguishes the way the first high-rise buildings were made from the high-rise being built from around the year 2000 onwards.

The Rotterdam scale

Everyone has seen images of Manhattan. The long, broad 'avenues', running north to south, full of yellow taxis, and the narrower 'streets', running east to west. Within this grid of roads, about 2,000 long blocks were built about 60 metres wide and an average of 125 metres long. What is interesting about this layout is that there is usually never more than one tower on a block. If we look at the layout of the building blocks in Rotterdam in the post-war reconstruction plan, we can see that the blocks are much smaller. Most blocks on which high-rise buildings are placed in Rotterdam are more than half as small and the building block is sometimes the same size as the base of the tower. On the Wilhelminapier, the width of a building block is around 30 metres and on the Wijnhaven island as well in some places, to give an idea of size and scale.

het bouwblok is soms gelijk aan de basis van de toren. Op de Wilhelminapier is de breedte van een bouwblok circa 30 meter en op het Wijnhaveneiland is dit op sommige plekken ook het geval, om een idee te geven van maat en schaal.

Maar wat betekent dit nu eigenlijk? Neem een denkbeeldige straat met 250 rijtjeswoningen. Al deze woningen hebben een parkeerplek voor de deur waarop wellicht een auto staat. Met een gemiddeld autobezit tussen de 0,4 en 1,5 auto, afhankelijk van waar je woont, betekent dit tussen de 100 en 350 auto's in genoemde straat. Per week zijn dit ook ongeveer vijfhonderd zakken afval die in containers moeten worden gestort en die containers moeten ergens staan – meestal in de achtertuin of in de voortuin. Daarnaast is elke woning met leidingen aangesloten op het leidingwaternet en de riolering. Ook moet er energie naar elke woning. Dit kost ruimte onder en in de straat. Niet alleen om alles te laten functioneren, maar ook is er ruimte nodig voor onderhoud. Denk aan de nutskastjes tegen gevels of kleine gebouwtjes die als een verdeelstation werken om alles goed te laten 'stromen'.

Vergeet dan ook niet dat er ruimte moet zijn voor de fiets. Elk huishouden in Nederland bezit net iets meer dan drie fietsen, die ergens moeten staan. Bij de bouw van een toren met 250 woningen verandert er weinig aan deze

De veel beperktere schaal van straten en bouwblokken die de Europese stedenbouw kenmerkt. The much more limited scale of streets and building blocks that characterizes European urban design.

But what does this actually mean? Take an imaginary street with 250 terraced houses. All these properties have a parking space in front of the door on which there might be a car. With an average car ownership between 0.4 and 1.5 cars, depending on where you live, this means between 100 and 350 cars on the street in question. Every week, there are also about 500 bags of rubbish to be deposited in containers, and those containers have to be located somewhere – usually in the back or front garden. In addition, each house is connected to the mains water and sewerage system with pipes. Energy also needs to go to every home. This costs space under and in the street. Not only for everything to function, but space is also needed for maintenance. Think of utilities cabinets against façades or small buildings acting as a distribution station to keep everything 'flowing' properly.

And don't forget there has to be room for the bicycle. Every household in the Netherlands owns just over three bikes, which have to be kept somewhere. When building a tower with 250 homes, very little changes in these numbers (other than the fact that for the last few years, there is clearly less car ownership among high-rise residents in Rotterdam and therefore fewer parking spaces are needed). The only difference is that now there is not a whole street that can be used to solve everything in, or a front or

getallen (anders is dat er sinds een paar jaar duidelijk minder autobezit is onder hoogbouwbewoners in Rotterdam en dus minder parkeerplaatsen nodig zijn). Het enige verschil is dat er nu niet een hele straat is die gebruikt kan worden om alles in op te lossen of een voor- of achtertuin waar je zaken kan laten die je niet in huis wilt. Hoe kleiner het bouwblok, hoe meer ruimte er opgaat van de begane grond om alles goed op te lossen. Een toren met een oppervlak van 900 m² heeft een omtrek van 120 meter waarbinnen alles moet worden opgelost. Hierdoor wordt deze grotendeels gevuld met voorzieningen die nu eenmaal echt noodzakelijk zijn om een toren te laten functioneren. Energiebedrijven moeten van buiten bij de nutskasten kunnen komen. Afval wordt grotendeels intern in perscontainers gestopt. Hiervoor is ruimte nodig om vijfhonderd vuilniszakken ergens tijdelijk op te slaan en waar de gemeente deze kan komen ophalen. Er is een ruimte nodig om auto's en fietsen naar binnen en buiten te laten rijden. Er is een plek vereist om 250 brievenbussen neer te zetten, trappenhuizen die niet in de lobby mogen uitkomen bij een bepaalde hoogte, enzovoort. Voor je het weet gaan alle vierkante meters op de begane grond en gevels op aan de 'machine' om hoogbouw te laten functioneren.

Tot 2010 was Montevideo het hoogste woongebouw van Nederland. Het gebouw refereert aan naastgelegen Hotel New York, het voormalige hoofdkantoor van de Holland Amerika Lijn, door de verschillende bouwstijlen van Holland en Amerika met elkaar te verweven. De naam, gemarkeerd met een 12 meter hoge M op de top verwijst naar het gelijknamige pakhuis dat hier vroeger stond.

Until 2010, Montevideo was the tallest residential high-rise in the Netherlands. The building refers to the adjacent Hotel New York, the former head office of the Holland America Line, by interweaving the different architectural styles of Holland and America. The name, marked with a 12-metre-high M at the top, refers to the warehouse of the same name that used to be here.

back garden where you can leave things you don't want in the house. The smaller the building block, the more space is taken from the ground floor to solve everything properly. A tower with an area of 900 m² has a girth of 120 metres within which everything has to be solved. As a result, it is largely filled with facilities that are really necessary for a tower to function. Energy companies need to be able to access utility cabinets from the outside. Waste is largely put into compactors internally. This requires space to temporarily store 500 rubbish bags somewhere where the council can come and collect them. Space is needed for cars and bikes to enter and exit. It requires a place to put 250 letterboxes, stairwells that are not allowed to end in the lobby at a certain height, and so on. Before you know it, all the square metres on the ground floor and façades will go to the 'machine' to make high-rise buildings work.

Size matters

The larger the base or building block that high-rise buildings are part of, the more room there is to resolve all these issues. In New York, these building blocks are so large that there is room for internal streets where all the utilities, traffic and waste facilities are centred. If you walk through New York, you will almost never see these kinds of service roads, but they are essential for a building and the city to function. The size of roughly 7,500 m² that a New York building block has provides the flexibility to solve

Schaal doet ertoe

Hoe groter de basis of het bouwblok waar hoogbouw onderdeel van is, hoe meer ruimte er is om dit allemaal op te lossen. In New York zijn de bouwblokken zo groot dat er ruimte is voor interne straten waar alle nuts-, verkeers- en afvalzaken worden gecentreerd. Als je door New York loopt, zie je dit soort expeditiestraten (bijna) niet, maar ze zijn essentieel om een gebouw en de stad te laten functioneren. De omvang van grofweg 7.500 m² die een New Yorks bouwblok heeft, geeft de flexibiliteit om dit op te lossen. De publieke delen aan de straat zijn, op een paar inritten na, helemaal gevuld met zaken die aangenaam zijn om naar te kijken of plekken waar je naar binnen kan. Hoe anders is dit in Rotterdam. Met een kleinere maat van bouwblokken (de grootste zijn de samengestelde Lijnbaanhoven van circa 6.000 m² die overigens meer opgebouwd zijn met stroken bebouwing waarbij de hoeken onbebouwd zijn gelaten) en plekken waar het lijkt alsof de toren zo uit de grond komt (de 'stand-alone' torens) kan je constateren dat hoogbouw op verschillende plekken in de stad heeft geleid tot een straatniveau waar alles in het teken staat van de 'machine' lijkt te staan en er geen ruimte meer is om

Nuts-, verkeers- en afvalzaken van torens die te vaak het straatbeeld bepalen. Utilities, traffic and waste issues of towers that too often determine the image at street level.

this. With the exception of a few entry roads, the public parts on the street are completely filled with things that are pleasant to look at or places you can enter. What a contrast with Rotterdam. With a smaller size of building blocks (the largest being the composite Lijnbaan courts of around 6,000 m² which, incidentally, are built up more with strips of buildings where the corners have been left undeveloped) and places where it seems as if the tower comes straight out of the ground (the 'stand-alone' towers), you can observe that high-rise in several places in the city has resulted in a street level where everything seems to be dominated by the 'machine' and there is no more room to also make a pleasant and attractive street. They are UFOs in the city, which may do a fine job of being close to public-transport nodes and contribute to the skyline from various places outside the city, but they do not make you feel they contribute anything to the public space. This is particularly evident in pre-2010 high-rise, such as the towers on Blaak. They are like forts with mirrored glass and large parking entrances (the former Robeco Tower even solved parking with a helical construction on the Coolsingel!). You have absolutely no reason to be there, unless you work there. The only thing slightly inviting is the entrance to the offices – and they are locked up after 6 p.m. What is also striking is that these high-rise buildings make their own outdoor space. The towers have withdrawn from the way the walls along

ook een prettige aangename straat te maken. Het zijn ufo's in de stad, die wellicht prima voldoen aan de eis om dicht bij openbaarvervoerknopen te staan en vanuit verschillende plekken buiten de stad een bijdrage leveren aan de skyline, maar je niet het gevoel geven dat ze ook maar iets bijdragen aan de openbare ruimte. Zeker bij de hoogbouw van voor 2010 is dit goed zichtbaar, zoals bij de torens aan de Blaak. Dit zijn forten met gespiegeld glas en grote parkeerinritten (waarvan de voormalige Robecotoren het parkeren zelfs heeft opgelost met een wokkel aan de Coolsingel!). Je hebt geen enkele reden om daar te zijn, anders dan dat je er werkt. Het enige wat enigszins uitnodigt is de entree van de kantoren – die na 18.00 wel op slot gaan. Wat ook opvalt is dat deze hoogbouw eigen buitenruimte maakt. De torens onttrekken zich aan de manier waarop de wanden langs straten zijn opgebouwd. Door het trottoir te verbreden en een eigen voorruimte maken, of als een pukkel uitsteken (denk hier vooral aan de Weenatoren op de kop van de Lijnbaan). Naast de oppervlakte van het blok zelf is ook de hoogte bepalend voor de hoeveelheid ruimte die nodig is op de begane grond. De voorwaarden om hoogbouw toe te voegen zijn dus niet overal hetzelfde. Als de bouwblokken van een stad groter zijn, is er meer

Voorbeeld van de achteloos aangebrachte entrees van inpandige parkeergarages.
Example of the carelessly placed entrances to indoor parking garages.

streets are constructed. By widening the pavement and creating their own front space, or by sticking out like a pimple (in particular, the Weenatoren at the top of the Lijnbaan). Besides the area of the block itself, the height also determines the amount of space needed on the ground floor. So, the conditions for adding high-rise are not the same everywhere. When a city's building blocks are larger, there is more room to resolve all the issues. Street plans in European cities in particular, including those in Rotterdam, have much smaller building blocks and at these dimensions it takes more effort to solve everything smoothly.

But an attractive tower at eye level is also about the height of the building and the space requirements. In Rotterdam, it takes a few minutes to walk round a 150-metre-high project. In New York, this easily takes two to three times as long, but a height of around 300 metres is no exception. But it can be even more extreme. In Dubai, try walking round the Burj Khalifa, the world's tallest tower at over 800 metres. Apart from the fact that it is physically impossible to walk round the building as a pedestrian due to private areas, multiple car-park entrances and unlevel sections where walking further is impeded, I gave up on this myself after almost 30 minutes. More height normally means more office space, more housing, more hotel, et cetera. All these facilities need space to make the building's 'machine' work, which in turn takes up more space on the

ruimte om alles op te lossen. Vooral Europese stadsplattegronden, ook die van Rotterdam, hebben veel kleinere bouwblokken en bij dergelijke dimensies kost het meer moeite om alles vloeiend op te lossen.

Maar een aantrekkelijke toren op ooghoogte gaat ook om hoogte van het gebouw en de ruimte die nodig is. In Rotterdam kost het een paar minuten om rond een hoogbouwproject van 150 meter hoog te lopen. In New York vergt dit al snel twee tot drie keer zoveel tijd, maar is een hoogte rond de 300 meter geen uitzondering. Maar het kan nog extremer. Probeer in Dubai maar eens rond de Burj Khalifa te lopen, met meer dan 800 meter de hoogste toren ter wereld. Los van het feit dat het fysiek onmogelijk is om als voetganger rond het gebouw te lopen vanwege privéruimtes, meerdere entrees van parkeergarages en ongelijkvloerse delen waar het verder lopen wordt belemmerd, heb ik dit zelf na bijna 30 minuten maar opgegeven. Meer hoogte betekent normaal gesproken meer kantooroppervlakte, meer woningen, meer hotel, et cetera. Al deze faciliteiten hebben nu eenmaal ruimte nodig om de 'machine' van het gebouw te laten functioneren, wat weer meer

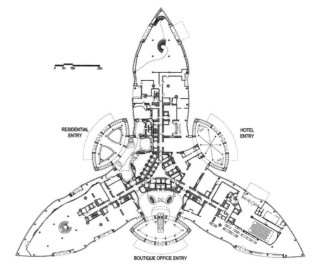

Plattegrond van de 800 meter hoge Burj Khalifa toren in Dubai. Ground plan of the 800-metre-high Burj Khalifa tower in Dubai.

ground floor. By comparison, an area with a somewhat similar surface area to the Burj Khalifa includes the entire Lijnbaan quarter.

So the smaller the space where a tower is to built, the more problems there are to make a nice, attractive place, and the more puzzling must be done to make the 'machine' work, and this consequently works to the detriment of the city as a whole. The first generation of high-rise buildings (up to the 1990s) was therefore not particularly interesting to walk past. Add to this the fact that Rotterdam's city centre has an urban structure with wide boulevards dominated by cars; according to the post-war reconstruction plan, housing would form almost no part of the city centre, where the main focus was on working and shopping. So, by the turn of the century, a concrete, business-like inner city had emerged with a kind of severity that was only further reinforced by the construction of towers during this period. People came to shop and work and then quickly left.

The groundscraper

So, things had to change. In 2008, Rotterdam City Council launched a new plan for the city centre. In 'The centre as City Lounge', densification formed the basis of the

ruimte kost op de begane grond. Ter vergelijking: een gebied met een enigszins vergelijkbare oppervlakte als de Burj Khalifa omvat het hele Lijnbaankwartier. Dus hoe kleiner de ruimte is waar een toren komt, hoe meer problemen er zijn om én een leuke, aantrekkelijke plek te maken, hoe meer er gepuzzeld moet worden om de 'machine' te laten functioneren, met als gevolg dat het ten koste gaat van de stad als geheel. De eerste generatie hoogbouw (tot aan de jaren '90) was dan ook niet bijzonder interessant om langs te lopen. Tel hierbij op dat de Rotterdamse binnenstad een stedenbouwkundige opzet heeft met brede, auto gedomineerde boulevards; volgens het wederopbouwplan zou wonen bijna geen onderdeel vormen van de binnenstad, waar vooral werd ingezet op werken en winkelen. Rond de eeuwwisseling was er dan ook een binnenstad ontstaan van beton, zakelijkheid en een soort van hardheid die door de bouw van torens in deze periode alleen maar verder werd versterkt. Men kwam er om te winkelen en te werken en vertrok daarna weer snel.

De Brug is een horizontale wolkenkrabber van 133 meter lang die boven de Nassaukade in Rotterdam zweeft. De Brug (the Bridge) is a horizontal skyscraper 133 metres long that floats 25 metres above the ground on the Nassaukade in Rotterdam.

city centre. Unlike the previous plans, in addition to densifying with more housing it also worked to create an attractive centre where meeting, entertaining and lingering played a more central role. And so the city centre also needed to be more lively. The starting point for new buildings described in this Inner-city Plan was the concept of the groundscraper. This was the designation for new, appealing high-rise buildings where there was an emphatic need to look at how they landed on the street. These new buildings needed to 'communicate' more with the city-dwellers and the street.

Cities in America and Asia, but also closer to home in Frankfurt, have high-rise buildings in which there is much more life and energy than in the Rotterdam tower. The high-rise that had been built up until then in the centre of Rotterdam's had proved to be anything but a contribution to urban life. From now on, high-rise had to contribute to a high attraction value at street level and an incentive to linger. In addition, the buildings needed to incorporate new forms of living and working. This would also make a concentrated inner-city high-rise environment into a real attraction for the city. An important starting point was that height was no longer the guiding principle when

De groundscraper

Het moest dus anders. In 2008 lanceerde de gemeente Rotterdam een nieuw plan voor de binnenstad. In 'De binnenstad als City Lounge' vormde verdichting de basis van de binnenstad. Anders dan in de voorgaande plannen werd er naast het verdichten met meer woningen, ook gewerkt aan een aantrekkelijk centrum waar ontmoeten, vermaken en verblijven meer centraal stonden. De binnenstad moest dus ook levendiger worden. Het uitgangspunt voor nieuwe gebouwen dat beschreven werd in dit Binnenstadsplan was het concept van de groundscraper. Dit was de benaming voor nieuwe aansprekende hoogbouw waarbij er nadrukke-lijk gekeken moest worden naar de manier waarop deze landt op de straat. Deze nieuwe gebouwen moesten meer 'communiceren' met de stedelingen en de straat. Steden in Amerika en Azië, maar ook dichter bij huis zoals Frankfurt, hebben hoogbouw waarin veel meer leven en energie is dan in de Rotterdamse toren. De hoogbouw die tot dan toe was gerealiseerd in de Rotterdamse binnenstad is allesbehalve een bijdrage aan het stedelijk leven gebleken. Vanaf nu moest hoogbouw bijdragen aan een hoge verblijfs- en attractiewaarde op straatniveau. Daarnaast moesten er in de gebouwen nieuwe woon- en werkvormen komen. Hiermee zou een geconcentreerd binnenstedelijk hoogbouwmilieu ook echt een aantrekkingskracht van de stad worden. Belangrijk uitgangspunt was dat hoogte niet langer leidend was bij het maken van hoogbouw, maar de beleving op straat moest centraal staan. Doordat er best veel hoogbouw bij was gekomen, was er

De plek waar de Red Apple staat was vroeger de plek in de Wijnhaven voor de handel in fruit. De punt van het eiland heette vroeger ook wel de Appelpunt. De 128 meter hoge toren onderscheid zich door verticale aluminium rode lijnen. Jan des Bouvrie heeft nadrukkelijk mee ontworpen aan het interieur waarvoor hij een lifestyleconcept heeft ontwikkeld.

Where the Red Apple is situated used to be the place in the Wijnhaven for the trade in fruit. The tip of the island used to be called the Appelpunt. The 128-metre-high tower is distinguished by vertical aluminum red lines. Jan des Bouvrie expressly helped design the interior, for which he developed a lifestyle concept.

creating high-rise, but the experience on the street should be central. Because quite a lot of high-rise buildings had been added, there was tentative talk of clustering high-rise in the city centre. This would mean that individual high-rise towers would become less and less iconic (unlike a church tower in a village). The idea was therefore to limit the height to enhance the image as a cluster.

Another observation was that towers had been built in the past that made their own outdoor space completely autonomously and independently of their immediate surroundings. This had led to empty spaces that contributed nothing to the city, which was certainly not conducive to the experience of the city at eye level. The aim was to achieve a continuous city of street walls and building blocks. High-rise was to form a second layer that could stand on top of this.

With regard to the high-rise constructed in Rotterdam up until 2008, there was sometimes strong criticism of buildings because of wind nuisance and shadow. This has affected the quality of the immediate surroundings in some locations. Anyone familiar with Rotterdam city centre can think of a few places where it can be pretty wild. For

voorzichtig sprake van een clustervorming van hoogbouw in de binnenstad. Hiermee werd individuele hoogbouwtoren steeds minder beeldbepalend (in tegenstelling tot een kerktoren in een dorp). Het idee was dan ook om de hoogte te beperken om het beeld als cluster te versterken.

Een andere observatie was dat er in het verleden torens gemaakt waren die volledig autonoom en onafhankelijk van de directe omgeving, eigen buitenruimte maakten. Dit had geleid tot loze plekken die niks bijdroegen aan de stad, wat zeker niet bevorderlijk was voor de beleving van de stad op ooghoogte. Het streven was een continue stad van straatwanden en bouwblokken. Hoogbouw moest een tweede laag vormen die hierop zou kunnen staan.

Met betrekking tot de hoogbouw die tot 2008 is gerealiseerd in Rotterdam, was er soms forse kritiek bij gebouwen vanwege windhinder en schaduw. Dit heeft op sommige locaties de kwaliteit van de directe omgeving aangetast. Iedereen die bekend is met de Rotterdamse binnenstad kan zo een paar plekken bedenken waar het kan spoken. Denk maar aan het deel van de Laan op Zuid bij de Maastoren, of de Mauritsplaats naast de Pauluskerk. Vooral de opgetelde

Straatbeeld op de Wilhelminapier tussen de New Orleans toren en het herontwikkelde Las Palmas pakhuis.
Street view on the Wilhelminapier between the New Orleans tower and the redeveloped Las Palmas warehouse.

instance, the part of Laan op Zuid near the Maastoren, or the Mauritsplaats next to the Pauluskerk. In particular, the combined effects of the building and its immediate surroundings for wind and sunlight had to be given more consideration for new high-rise.

Maximizing height

It sounds like a paradox. Limiting height to allow high-rise. With no height limit, wouldn't that make it especially easy to create high-rise? For a long time, this was also the guiding principle in thinking about high-rise and was even included in the policy as 'the sky is the limit' for some parts of the city. What building without a height limit has produced are mostly places where ultimately too much money was paid to acquire the land needed to build high-rise. Imagine that if you own a piece of land, you can basically put something new on it. The higher it is, the more programme, the greater the returns. If you sell the land to the developer of a high-rise tower, this theoretically makes the land value very high. The consequence of the lack of a height limit is that too much was paid for acquiring pieces of land. This has to be recouped from the programme to be built, with the result that usually too high a building is

effecten van het gebouw en de directe omgeving ervan voor wind en bezonning moesten voor nieuwe hoogbouw meer aandacht krijgen.

Maximaliseren hoogte

Het klinkt als een paradox. Het beperken van hoogte om hoogbouw mogelijk te maken. Zonder het hebben van een hoogtelimiet zou het toch vooral makkelijker moeten worden om hoogbouw te maken? Dit was lange tijd ook leidend in het nadenken over hoogbouw en was voor sommige delen in de stad zelfs als 'the sky is the limit' in het beleid opgenomen. Wat bouwen zonder hoogtelimiet heeft opgeleverd, zijn vooral plekken waar uiteindelijk te veel geld is betaald om de grond te verwerven die nodig is voor het bouwen van hoogbouw. Stel je voor dat je eigenaar bent van een stuk grond, dan kan je daar in principe iets nieuws op zetten. Hoe hoger, hoe meer programma, hoe meer opbrengsten. Als je de grond verkoopt aan de ontwikkelaar van een hoogbouwtoren dan is de is de grond-

waarde hierdoor in theorie heel hoog. Het gevolg van het ontbreken van een hoogtelimiet is dat er te veel betaald is voor de verwerving van stukken grond. Dit moet worden terugverdiend.

Model van Rotterdamse hoogbouw in de TNO windtunnel. Model of Rotterdam high-rise buildings in the TNO wind tunnel.

built on a small piece of land. And then think about all those facilities needed to keep the 'machine' running: a building will automatically emerge that makes a doubtful contribution at street level to a more attractive city centre. By maximizing heights in the Rotterdam city centre, you solve the problem of the theoretically too high price of land and you can calculate the maximum price of a piece of land needed to make a high-rise building. One drawback of the 'sky-is-the-limit' construction was that making high-rise was reserved for very large builders. Only they had the capital to make high-rise. Many other developers dropped out as a result. With a height limit, ultimately more parties came up with new high-rise initiatives.

Slenderness rules

By folding open, as it were, the lower levels of existing high-rise buildings and taking a look at what exactly happens behind the façade, it became clear that in most towers almost all the space was taken up by facilities and installations (the 'machine') to make the building function. Space that was partly or entirely accessible to the public was almost non-existent. Even if the entrances to homes and offices were included, the publicly accessible space was still very limited. Especially because many of these entrances and lobbies were locked after 6 p.m. Places that do meet

met het te bouwen programma, met als resultaat dat er meestal te hoog wordt gebouwd op een klein stukje grond. En denk dan nog eens aan al die faciliteiten die nodig zijn om de 'machine' te laten draaien: er ontstaat dan vanzelf een gebouw waarvan je je kunt afvragen welke bijdrage het op straatniveau levert aan een meer aantrekkelijke binnenstad. Door het maximaliseren van hoogtes in de Rotterdamse binnenstad los je het probleem van de (theoretisch te hoge) grondprijs op en kun je de maximale prijs berekenen van een stuk grond dat nodig is om hoogbouw te maken. Een nadeel van de 'sky is the limit'-constructie was dat hoogbouw maken voorbehouden was aan heel grote bouwers. Alleen zij beschikten over het kapitaal om hoogbouw te maken. Veel andere ontwikkelaars haakten hierdoor af. Met een hoogtebegrenzing zijn er uiteindelijk meer partijen gekomen met nieuwe hoogbouwinitiatieven.

Slankheidsregels

Door het, als het ware, openklappen van de eerste lagen van bestaande hoogbouw en eens te kijken wat er nu precies achter de gevel gebeurt, werd het duidelijk dat bij de meeste torens bijna alle ruimte opging aan voorzieningen en installaties (de 'machine') om het gebouw te laten functioneren.

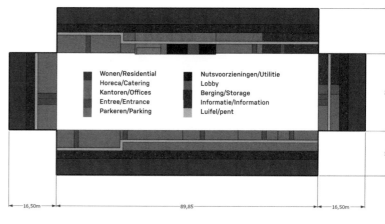

Uitvouw van de plintgevels van de Montevideotoren met programma. Fold-out of the plinth façades of the Montevideo tower with programme.

Wonen/Residential
Horeca/Catering
Kantoren/Offices
Entree/Entrance
Parkeren/Parking

Nutsvoorzieningen/Utilitie
Lobby
Berging/Storage
Informatie/Information
Luifel/pent

16,50m   89,85   16,50m

the right conditions to contribute to the experience of high-rise from the pavement are towers that are part of a larger block. Because there is more space on the ground floor (and the first few levels), facilities and installations can be concealed in such a way that the building is still open and transparent and 'establishes a relationship' with passers-by. Being able to look inside, walk inside, and know what's going on behind a façade is what makes it interesting for people walking past. This observation immediately made the solitary tower, a tower that is not part of a larger building block, a thing of the past in Rotterdam. From then on, a new tower initiative was not allowed to use more than 50% of the ground area to realize high-rise buildings. A good example is Montevideo on the Wilhelminapier.

In order for high-rise to not only contribute to the skyline, but also to ensure that high-rise buildings are attractive for the city at eye level, slenderness rules were devised as new design conditions in 2011. These building rules are loosely based on the knowledge of high-rise in New York and on experiences gained on the Wijnhaven

Ruimte die (semi)toegankelijk was voor publiek was er bijna niet. Zelfs als hiertoe ook de entrees naar woningen en kantoren werden gerekend, was de publiek toegankelijke ruimte nog gering. Zeker ook doordat een groot deel van deze entrees en lobby's na 18.00 op slot ging. Plekken die wel voldoen aan de juiste voorwaarden om een bijdrage te leveren aan de beleving van hoogbouw vanaf de stoep, zijn torens die onderdeel vormen van een groter blok. Doordat daar meer ruimte is op de begane grond (en de eerste paar lagen) kunnen voorzieningen en installaties zo worden weggewerkt dat het gebouw nog steeds open en transparant is en 'een relatie aangaat' met de passant. Naar binnen kunnen kijken, naar binnen kunnen lopen, weten wat er achter een gevel gebeurt, zijn dingen die het juist leuk maken ergens langs te lopen. Deze constatering maakte de solitaire toren, een toren die geen onderdeel is van een groter bouwblok, direct verleden tijd in Rotterdam. Vanaf nu mocht een nieuw initiatief voor een toren niet meer dan 50 procent van het grondvlak gebruiken om hoogbouw te realiseren. Goed voorbeeld hiervan is Montevideo op de Wilhelminapier.

Om hoogbouw niet alleen een bijdrage te laten zijn aan de skyline, maar er ook voor te zorgen dat hoogbouw aantrekkelijk is voor de stad op ooghoogte, zijn

als nieuwe ontwerpvoorwaarden in 2011 slankheidsregels bedacht. Deze bouwregels zijn losjes gebaseerd op de kennis over hoogbouw

De plint van woontorens Hoge Heren met een grotendeels gesloten gevel en vijf lagen parkeren. The plinth of the Hoge Heren residential towers with a largely closed façade and five floors of parking.

island with building rules for high-rise. Based on ownership of the land, a maximum of 50% of the owned land was ultimately allowed to be higher than 70 metres and maximum diagonals were proposed with which a tower had to comply. These diagonals ensure that a tower can never become a 'slice' (like the Willemswerf) that casts a lot of shadows.

The fact that the tower is part of a block creates the possibility of 'spreading out' all the facilities and installations over the entire building block and/or clustering them where they will cause the least disruption. The building blocks on Manhattan are still many times larger, but on the other hand, the towers in Rotterdam are much lower and therefore far fewer people live or work there. Wijnhaven island shows it can also work with the scale in Rotterdam.

A good ground floor

When you are walking, you by no means see everything. Your view to either side is about 90 degrees and you only see up to 50 degrees of what is happening above

in New York en op ervaringen die op het Wijnhaveneiland waren opgedaan met bouwregels voor hoogbouw. Op basis van de grondeigendom mocht er maximaal 50% van het eigendom uiteindelijk hoger dan 70 meter worden én werden er maximale diagonalen voorgesteld waaraan een toren moest voldoen. Deze diagonalen zorgen ervoor dat een toren nooit een 'schijf' kan worden (zoals de Willemswerf) die veel schaduw geeft.

Doordat de toren onderdeel is van een blok, ontstaat de mogelijkheid om alle voorzieningen en installaties 'uit te smeren' over het hele bouwblok en/of te clusteren op die plekken waar dit de minste hinder oplevert. Nog steeds zijn op Manhattan de bouwblokken vele malen groter, maar daar staat tegenover dat de torens in Rotterdam veel lager zijn en dat er dus veel minder mensen wonen of werken. Het Wijnhaveneiland laat zien dat het ook met Rotterdamse maten kan werken.

Een goede begane grond

Wanneer je loopt zie je lang niet alles. Zo is je zicht naar beide zijden ongeveer 90 graden en zie je maar tot 50 graden van wat er boven je gebeurt. Stel je nu voor dat je op een trottoir loopt langs gebouwen. Op één meter van de gevel zie je niet meer dan 3 meter van de hoogte van het gebouw waar je langsloopt en op 5 meter afstand misschien maar 4 tot 5 meter. Hoe hoog een gebouw is, maakt daarbij niet uit. Op 25 meter zie je pas de eerste 12 meter van een gebouw. Maar wat maakt

New Orleans is opgetrokken uit zandkleurig natuursteen, met een transparante voet waarin zich het theater Lantaren Venster bevindt. Hierboven bevind zich het zonnedek waar bewoners een extra plek hebben om te genieten van het leven op het water en de kades. De constructief van het gebouw is een hoogstandje. Deze is gebaseerd op 14 kolommen van hooggesterkt staal.

New Orleans is made of sand-coloured natural stone, with a transparent base in which the LanterenVenster theatre is located. Above that is the sun deck where residents have an extra place to enjoy life on the water and the quays. The construction of the building is a tour de force. It is based on 14 columns of high-strength steel.

you. Now imagine you are walking on a pavement past buildings. At one metre from the façade, you cannot see more than 3 metres of the height of the building you are walking past, and at 5 metres away, perhaps only 4 to 5 metres. How tall a building is does not matter in this respect. At 25 metres, you can only see the first 12 metres of a building. But what makes it pleasant to walk along a façade or through a street? Plenty of doors with transparent windows where you can clearly see what is behind them, no interruptions in a wall or street, delicious smells and shop goods on display, low-wind conditions and good sunlight. [Close encounters with buildings, the Royal Danish Academy of Fine Arts, 2004]. Streets such as the West Kruiskade, Zwaanshals and Meent meet these criteria to a greater extent. And conversely, places like Blaak and Weena do not. In Rotterdam, there are examples where this has also succeeded with high-rise buildings. The WTC (World Trade Center) is an attractive and good example of this. The building stands on a larger building block. Around the building block, there is natural space dedicated to supplying the 'machine', but the entire building block has an attractive ground floor. You walk past many different entrances to shops and offices and see from the pavement what is happening behind the façade.

het nu aangenaam om langs een gevel of door een straat te lopen? Veel deuren met transparante ramen waarbij je goed kan zien wat zich daarachter bevindt, geen onderbrekingen in een wand of straat, lekkere geuren en uitgestalde winkel-waren, windluwe condities en een goede bezonning. [Close encounters with buildings, the Royal Danish Academy of Fine Arts, 2004]. Straten als de West-Kruiskade, Zwaanshals en de Meent voldoen in meerdere mate aan deze criteria. En andersom, plekken als de Blaak en Weena voldoen hier niet aan. In Rotterdam zijn er ook voorbeelden waar dit met hoogbouw ook gelukt is. Het WTC is hiervan een mooi en goed voorbeeld. Het gebouw staat op een groter bouwblok. Rondom het bouwblok is er natuurlijk ruimte die bestemd is voor de bevoorrading van de 'machine', maar het hele bouwblok heeft wel een aantrekkelijke begane grond. Je loopt langs veel verschillende entrees van winkels en kantoren en ziet vanaf de stoep wat er achter de gevel gebeurt. Je hebt eigenlijk niet door dat er nog een gebouw van bijna 100 meter hoog op staat. Maar ook kleinere bouwblokken met hoogbouw die na 2010 zijn gebouwd hebben aan de meest publieke kant van het gebouw waar de en-trees zitten een aantrekkelijk programma, waardoor het aangenaam is om langs deze gevel of door deze straten te lopen. Zo is er langs de Wijnhaven een reeks torens die maar 30 meter breed zijn, maar 100Hoog,

Straatzijde begane grond van De Rotterdam op de Wilhelminapier. Street side ground floor of De Rotterdam on the Wilhelminapier.

You don't actually realize that there is anoth-er building almost 100 metres high on top. But some other smaller high-rise blocks built after 2010 also have an attractive programme on the most public side of the building where the entrances are located, making it pleasant to walk along this façade or through these streets. Along the Wijnhaven, for instance, there is a series of towers that are only 30 metres wide, but 100Hoog, The Muse and Casanova have managed to achieve a good city at eye level because of the slenderness rules.

To put making the building plinth more attractive in a broader context, the 2015 study by Marlies de Nijs is also interesting. [Marlies de Nijs, 'Levendige plinten in hoogbouw', 2015]. She has researched 'lively plinths in high-rise buildings'. The word 'plinth' represents the first few levels of a building. Based on the above criteria for why it is pleasant to walk past a building or down a street, she examined every building in the Netherlands taller than 65 metres and built between 2005 and 2014. There were 108 of them. The study resulted in 20% of the 108 towers meeting the architectural and functional requirements for an attractive city at eye level. In addition, a lively plinth is more likely to exist if it is located in an urban centre or on a shopping street. The plinth of high-rise buildings that are part of a building block performs better than

The Muse en Casanova hebben door de slankheidsregels wel gezorgd voor een goede stad op ooghoogte.

Om het aantrekkelijker maken van de gebouwplint in een breder kader te plaatsen is, het onderzoek uit 2015 van Marlies de Nijs ook interessant. [Marlies de Nijs, 'Levendige plinten in hoogbouw', 2015]. Zij heeft onderzoek gedaan naar 'levendige plinten in hoogbouw'. Het woord plint staat voor de eerste paar lagen van een gebouw. Op basis van de bovenstaande criteria, waarom het aangenaam is om langs een gebouw of door een straat te lopen, heeft ze alle gebouwen in Nederland hoger dan 65 meter en gebouwd tussen 2005 en 2014 onderzocht. Dit waren er 108. Hieruit resulteerde dat 20% van de 108 torens voldoet aan de architectonische en functionele eisen om een aantrekkelijke stad op ooghoogte te hebben. Daarnaast is de kans op een levendige plint groter als deze zich bevindt in een stedelijk centrum of aan een winkelstraat. De plint van hoogbouw die onderdeel is van een bouwblok doet het beter dan de plint van 'stand-alone'-torens. Uit de studie blijkt dat Red Apple, Montevideo en New Orleans de topdrie vormen van gebouwen met de hoogste scores van een levendige plint. Hiermee is er een verdere onderbouwing geleverd dat de slankheidsregels bijdragen aan een levendige stad op ooghoogte.

Terrasjes en horeca op straatniveau onderin Calypse aan de Westersingel.
Cafés and pavement terraces at street level at the bottom of Calypse on Westersingel.

the plinth of 'stand-alone' towers. The study shows that Red Apple, Montevideo and New Orleans are the top three buildings with the highest scores for a lively plinth. This provided further substantiation that the slenderness rules do contribute to a lively city at eye level.

Data and high-rise
The collection of data became much better and more comprehensive after 2010. Smartphones and large-scale GPS surveys provide another way to study how different groups of people use the inner city. As a computer programmer and visualization artist, Eric Fischer has found a method to put all photos, tweets and social-media feeds, for example, on a map. He has done this for many cities, including Rotterdam. This map gives a good idea of where in Rotterdam most people come or what they write about or take pictures of.

But this was only the start of large-scale research into the use of the city centre. GPS surveys were conducted by the Veldacademie among several inner-city users. For instance, GPS boxes were given to residents of high-rise buildings, who were

Data en hoogbouw

Het verzamelen van data werd na 2010 veel beter en uitgebreider. Smartphones en het op grote schaal onderzoek doen met gps voorzien in een andere manier om te bestuderen hoe verschillende groepen mensen de binnenstad gebruiken. Eric Fischer heeft als computerprogrammeur en verbeeldingsartiest een methode gevonden om bijvoorbeeld alle foto's, tweets en feeds van social media op een kaart te zetten. Dit heeft hij voor heel veel steden gedaan, ook voor Rotterdam. Deze kaart geeft een goed beeld waar in Rotterdam de meeste mensen komen dan wel waarover ze schrijven of waarvan ze foto's maken.

Maar dit was pas de start van grootschalig onderzoek naar het gebruik van de binnenstad. Er is door de Veldacademie gps-onderzoek gedaan onder verschillende gebruikers van de binnenstad. Zo zijn er gps-kastjes aan bewoners van hoogbouw meegegeven met de vraag om deze twee weken (duur van de batterij) bij zich te houden als ze de deur uitgingen. Doordat een gps-kastje om de paar seconden 'logt', is te zien met welke snelheid mensen bewegen en dus op welke manier. Lopend is langzamer dan fietsen, fietsen is langzamer dan een auto. Daarnaast zie je ook de straten waarlangs de bewoners zich verplaatsen, maar

Red Apple aan de Wijnhaven oogst waardering voor een levendige plint.
Red Apple at the Wijnhaven is appreciated for a lively plinth.

asked to keep them with them for a fortnight (the life of the battery) when they left their home. Because a GPS box 'logs' every few seconds, it shows at what speed people are moving and therefore in what way. Walking is slower than cycling, and cycling is slower than a car. You can also see the streets the residents move through, as well as the places they linger for a longer time. The results were spectacular, to say the least. The vast majority of movements were on foot, either directly to a destination or to a public-transport stop. Besides that, cycling was popular and here it was particularly noticeable that residents choose other routes. Either a fast route with fewer traffic lights, or past daily amenities on the way home. During the two weeks of measuring, the car was hardly used.

To rate places, the GPS survey was combined with an interview afterwards. This addition provides insight into how high-rise residents value the city. They use the same places as visitors, but also places such as the Lijnbaan in the evening. The highest rating was given to places located directly round the core shopping area: Meent, Witte de Withstraat and Oude Binnenweg. Here there is a mix of living, working, shopping, and cafés and restaurants. This was also clear from the GPS data. In

ook de plekken waar langer wordt verbleven. De resultaten waren op zijn minst spectaculair. Het overgrote deel van de bewegingen was lopend, ofwel rechtstreeks naar een bestemming of naar een ov-halte. Daarnaast was de fiets populair en hier was vooral te zien dat bewoners andere routes kiezen. Ofwel snel met minder stoplichten, dan wel langs de dagelijkse voorzieningen op weg naar huis. Gedurende de twee weken van het meten werd de auto nauwelijks gebruikt.

Voor de waardering van plekken werd het gps-onderzoek gecombineerd met een interview na afloop. Deze toevoeging geeft inzicht in hoe hoogbouwbewoners de stad waarderen. Ze gebruiken dezelfde plekken als bezoekers, maar ook plekken zoals de Lijnbaan in de avond. De hoogste waardering werd aan plekken gegeven die direct rond het kernwinkelgebied liggen. Meent, Witte de Withstraat en Oude Binnenweg. Hier is een mix van wonen, werken, winkelen en horeca. Dit blijkt ook duidelijk uit de gps-data. Daarnaast komt er een 'verscholen' route naar voren. Van de Haagse Veer tot en met de Glashaven loopt een route die veel gebruikt wordt,

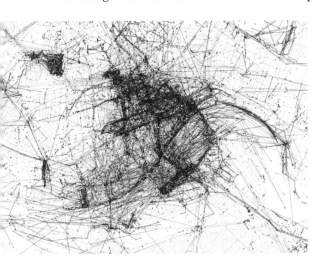

lopend of fietsend, in combinatie met dagelijkse voorzieningen die je langs deze lijn kan vinden. Daarnaast zijn er ook gps-onderzoeken gedaan met bezoekers van de Rotterdamse parkeergarages, werknemers en toeristen.

Eric Fischer's kaart van Rotterdam.
Eric Fischer's map of Rotterdam.

addition, a 'hidden' route emerged. A route runs from the Haagse Veer to the Glashaven that is widely used, on foot or cycling, in combination with daily amenities you can find along this line. GPS surveys were also conducted among visitors to Rotterdam's parking garages, employees and tourists.

Taken together, this data provides a picture of how Rotterdam's city centre is used. It is not just a static final map with all the data on it, but by combining different surveys, it becomes clear which places are visited by the most city-centre users to walk, stroll and linger. And not only the usage, but also the time of day when somewhere is busier than usual. For example, Schouwburgplein is mostly quiet in the morning with the occasional visitor, but you see in particular that it starts to get busier from midday onwards and that it decreases again after 6 p.m. (it works the same as the feature in Google Maps that shows that a place is sometimes busier than usual). This data has been the basis for thinking about how to minimize the effects of high-rise, especially wind nuisance and shadow, and certainly in places that are heavily used.

Deze data leveren samen een beeld op van het gebruik van de Rotterdamse binnen-stad. Niet alleen een statische eindkaart met alle data erop, maar door combinatie van verschillende onderzoeken wordt duidelijk welke plekken door de meeste binnenstadgebruikers worden aangedaan om te lopen, slenteren en te verblijven. En niet alleen het gebruik, maar ook het tijdstip wanneer het ergens drukker is dan normaal. Zo is bijvoorbeeld het Schouwburgplein vooral in de ochtend rustig met een enkele bezoeker, maar zie je vooral dat het vanaf 12.00 uur drukker begint te worden en dat het na 18.00 uur weer afneemt (werkt hetzelfde als de functie in Google Maps die laat zien dat het op een plek soms drukker is dan normaal). Deze data zijn de basis geweest om na te denken over hoe de effecten van hoogbouw, met name windhinder en schaduw, kunnen worden geminimaliseerd en dan zeker op plekken die veel worden gebruikt.

Schaduw en windhinder

In de jaren 1980 en 1990 van de vorige eeuw werd door Peter Bosselmann aan Berkeley University onderzocht wat de beste condities zijn voor wind, zon en (gevoels)temperatuur in binnensteden. In steden als San Francisco, Toronto en New York is veel kennis opgedaan over de invloed van hoogbouw op de bestaande stad. Er was weinig bekend over de opgetelde invloed van hoogbouw op het comfort van voetgangers. Ook waren de criteria vaag van wat nu comfort is en wat

Het Calypso gebouw markeert de brandgrens van de bombardementen in de Tweede Wereldoorlog. De hoogbouw van 22 verdiepingen markeert de overgang tussen wederopbouwcentrum en het Oude Westen. In de golvende gevel komen de richtingen van de oude stad en het nieuwe centrum samen en verbindt het gebouw het centraal station met het centrum.

The Calypso building marks the outer limit of the fires caused by Second World War bombing. The 22-storey high-rise marks the transition between the post-war reconstruction centre and the Oude Westen district. In the undulating façade, the directions of the old city and the new centre come together and the building connects the central station with the centre.

Shadow and wind nuisance

In the 1980s and 1990s, Peter Bosselmann at Berkeley University researched the best conditions for wind, sun, temperature and windchill factor in inner cities. In cities such as San Francisco, Toronto and New York, a great deal of knowledge was gained about the impact of high-rise on the existing city. Little was known about the accumulated impact of high-rise buildings on the comfort of pedestrians. Also, the criteria were vague as to what exactly constitutes comfort and what is no longer perceived as comfortable. The study stemmed from the debate over whether there should be more high-rise in San Francisco. Once again, much more was possible with the introduction of computer-based models. By making different models and scoring them on sunlight retention for public places, a model emerged of different heights for different places. In addition, research was conducted into the effects of wind on the realization of high-rise in the existing city. For San Francisco, this ultimately helped build support for further densification of the city (including high-rise). The study was an important milestone in the way high-rise is thought about these days in relation to sun and wind. For Rotterdam, too.

CALYPSO | 2009-2013 | Westersingel | Architect: Will Alsop | 407 appartementen, 71,3 mter hoogte, 8.200 m² kantoren + commerciële ruimtes, 2.900 m² kerk, 16.000 m² parkeren, 350 m² atrium. 407 apartments, 71.3 metres in height, 8,200 m² offices + commercial spaces, 2,900 m² church, 16,000 m² parking, 350 m² atrium.

niet meer als comfortabel wordt ervaren. De studie kwam voort uit de discussie of er nog meer hoogbouw moest komen in San Francisco. Ook hier was door de introductie van computergestuurde modellen veel meer mogelijk. Door het maken van verschillende modellen en deze te scoren op behoud van zonlicht voor publieke plekken, kwam er een model uit van verschillende hoogtes voor verschillende plekken. Daarnaast is er onderzoek gedaan naar de effecten van wind op het realiseren van hoogbouw in de bestaande stad. Uiteindelijk heeft dit voor San Francisco een bijdrage geleverd aan draagvlak voor het verder verdichten van de stad (inclusief hoogbouw). Het onderzoek is een belangrijke mijlpaal geweest in de manier waarop er vandaag de dag nagedacht wordt over hoogbouw in relatie tot zon en wind. Ook voor Rotterdam.

Voor de intrede van de computer moest je schaduw vaststellen door het tekenen van punten in een diagram en die vervolgens te verbinden, waardoor de schaduw van het nieuwe gebouw werd berekend. Wilde je dit voor meerdere tijdstippen op een dag doen en voor verschillende dagen, dan was dat een intensief werkje en had je slechts de effecten van het ene gebouw op de directe omgeving. Door voor het eerst op grote schaal gebruik te maken van computers bij het beoordelen van de effecten van zon en wind, kon je uitspraken doen over cumulatieve effecten van hoogbouw op een stad. Door

Het Schouwburgplein in Rotterdam.
The Schouwburgplein in Rotterdam.

Before the advent of computers, you had to determine shadow by drawing points in a diagram and then connecting them, to calculate the shadow cast by the new building. If you wanted to do this for several times of the day and for several days, it was an intensive job and you only had the effects of one building on its immediate surroundings. By using computers on a large scale for the first time to assess the effects of sun and wind, you could make statements about the cumulative impact of high-rise on a city. Peter Bosselmann's pioneering studies made it clear that if you design the city with enough high-rise buildings and build it up like a hill, the wind actually manifests itself there as it would in a hilly landscape and some of the wind does not blow *through* the city, but over it.

Based on this science, Rotterdam's central high-rise axis from the year 2000 is actually quite well chosen. The axis, which runs more or less from north to south through the city, is at right angles to the prevailing wind direction (west/southwest). By creating good transition zones, there would eventually be enough mass to achieve a good 'hill' in the city centre with high-rise buildings. There are still a few places in Rotterdam's inner city where the addition of high-rise could even result in

de baanbrekende studies van Peter Bosselmann werd duidelijk dat als je de stad vormgeeft met genoeg hoogbouw en opbouwt als een heuvel, de wind zich er ook daadwerkelijk manifesteert als in een heuvellandschap en een deel van de wind niet *door* de stad waait, maar er overheen.

Op basis van deze wetenschap is de centrale hoogbouw-as in Rotterdam uit 2000 eigenlijk best goed gekozen. Deze as, die min of meer van noord naar zuid door de stad loopt, staat haaks op de vaakst heersende windrichting (west/zuidwest). Door het maken van goede overgangszones zou er op termijn genoeg massa zijn om met hoogbouw tot een goede 'heuvel' te komen in de binnenstad. Er zijn nog enkele plekken in de binnenstad van Rotterdam waar de toevoeging van hoogbouw zelfs kan leiden tot een beter windklimaat. Overigens zijn de eerste windstudies al uitgevoerd waar dit ook daadwerkelijk het geval is.

Omdat het verlevendigen van de binnenstad belangrijk was, werden er voor locaties in de stad waar veel mensen samenkomen extra eisen gesteld aan windhinder en schaduw. Er werd een onderscheid gemaakt in een basiskwaliteit, representatieve ruimtes en *sunspots*. Ook hier was de invloed van de computer merkbaar. Op basis van de eerder

Experimentmodellen over de effecten van stedelijke vorm op microklimatologische omstandigheden.
Modelling experiments on the effects of urban form on microclimatic conditions.

a better wind climate. Incidentally, the first wind studies have already been carried out where this is actually the case.

Because enlivening the city centre was important, additional wind-nuisance and shadow requirements were imposed for locations in the city where many people congregate. The distinction was made between a basic quality, representative spaces and 'sunspots'. Here, too, the influence of the computer was noticeable. Based on the city-centre GPS surveys described earlier, it was possible to determine the important routes, including pedestrian routes, and locations in the city. A distinction was made between routes that were important as pedestrian routes (representative spaces, for instance the Coolsingel, Lijnbaan or Hofplein), and places where people meet up and linger a bit longer (sunspots such as Binnenwegplein, the WTC stairs or Grote Kerkplein). The application of this methodology to achieve (or safeguard) greater comfort in the city centre showed an almost one-to-one relationship with the results from Peter Bosselmann's research.

beschreven gps-onderzoeken in de binnenstad kon worden bepaald wat de belangrijke (loop)routes en locaties in de stad zijn. Er werd een onderscheid gemaakt in
routes die belangrijk waren als looproute (representatieve ruimtes, denk aan de
Coolsingel, Lijnbaan of Hofplein), en plekken waar mensen elkaar ontmoeten en
wat langer verblijven (*sunspots*, denk aan Binnenwegplein, trappen WTC of Grote
Kerkplein). De toepassing van deze methodiek om tot meer comfort te komen (of
te waarborgen) in de binnenstad liet bijna één op één de uitkomst zien van het
onderzoek van Peter Bosselmann.

Daarnaast waren er in 2006 in Nederland eisen gekomen voor wind. In de NEN-
8100-norm wordt een verschil gemaakt tussen windgevaar en windhinder bij het
bouwen van gebouwen hoger dan 30 meter. Windgevaar dient te allen tijde te
worden voorkomen. Bij het bepalen van een slecht, matig of goed windklimaat
worden verschillende situaties en activiteiten in acht genomen: langdurig verblijven, slenteren en doorlopen. Het is wellicht niet erg als er wind waait in een straat
waar je doorheen loopt, maar voor het zitten in een park moeten er strengere
eisen aan wind worden gesteld. Hiermee was
een kader gevormd aan de hand waarvan bij alle
bouwprojecten dezelfde regels konden worden
toegepast ten aanzien van wind en windhinder.
Het probleem echter is dat er geen proces aan
was gekoppeld. Bij de meeste gebouwen werd

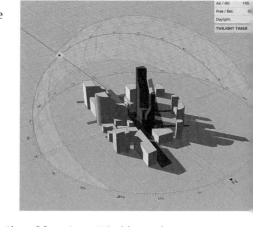

**Software visualiseert hoe het zonnepaddiagram en
schaduwprojecties gedurende het jaar veranderen.**
Software visualizes how the sun-path diagram and
shadow projections change throughout the year.

In addition, wind requirements had been established in the Netherlands in 2006. The NEN-8100
standard distinguishes between wind hazard and
wind nuisance when constructing buildings higher than 30 metres. Wind hazard
should be avoided at all times. Different situations and activities are considered
when determining whether wind climate is poor, moderate or good: prolonged
lingering, strolling and continued walking. It may not matter if the wind is blowing
in a street you are walking through, but for sitting in a park, there should be more
stringent wind requirements. This provided a framework by which the same rules
could be applied to wind and wind nuisance in all construction projects. The problem,
however, was that there was no process associated with it. For most buildings, a
wind study was only carried out afterwards (and in some places in the Netherlands
that is still the case). A wind study is included when submitting the formal building
application. However, the problem is that if there is wind nuisance (or even wind
hazard), there is little in the building plan that can be changed. After all, the whole
building has already been thought out and detailed. The outcome is usually the
installation of canopies that solve part or all of the wind problem directly round the
building or the planting of trees to 'break up' the wind. The question does arise as

(en op sommige plekken in Nederland nog steeds) pas achteraf windonderzoek gedaan. Bij de indiening van de formele bouwaanvraag wordt er een windonderzoek meegeleverd. Het probleem is echter dat als er sprake is van windhinder (of zelfs windgevaar), er weinig meer kan veranderen aan het bouwplan. Het hele gebouw is immers uitgedacht en gedetailleerd. De uitkomst is meestal dat er luifels worden aangebracht die (een deel) van het windprobleem direct rond het gebouw oplossen of dat er bomen worden geplant om de wind 'breken'. De vraag is wel wat de status van een boom is als deze nodig is om te voldoen aan minimale windeisen. Eigenlijk wordt de boom onderdeel van het gebouw en krijgt een juridische status. De boom als onderdeel van het bouwplan? Hoe groot moet de boom zijn? Groeit deze wel normaal met harde wind en is er ruimte in de ondergrond om tot een volwaardige boom uit te groeien? En wanneer je het dak van de bladeren nodig hebt om wind te breken, heb je er bijna de helft van het jaar weinig aan, doordat de boom dan bladloos is. In de gevallen waar dit daadwerkelijk is gebeurd (denk de bomen op het plein voor De Calypso, of de luifel bij

het World Port Center) heeft het niet geleid tot een echte verbetering. Het moest dus anders.

Bij de grotere gebiedsontwikkelingen moesten er in het vervolg vooraf windstudies worden gedaan. Hiermee kan

Luifel aan de Maastoren om extreme windoverlast te ondervangen. Canopy on the Maastoren to prevent extreme wind nuisance.

to the status of a tree if it is needed to meet minimum wind requirements. Actually, the tree becomes part of the building and gains legal status. The tree as part of the building plan? How big should the tree be? Does it grow normally with strong winds and is there enough room in the soil for it to grow into a full-sized tree? And when you need the roof of leaves to break up the wind, it is of little use for almost half the year, because the tree has no leaves then. In the cases where this has actually happened (for instance the trees in the square in front of The Calypso, or the canopy at the World Port Center), it has not led to any real improvement. So, things had to change.

In larger area developments, wind studies subsequently had to be carried out in advance. This makes it possible to see the effects of wind based on volumes (the volumes in which an architect designs a building). It allowed quick insight into where a building might need to be lower, whether the high-rise would need to be set further back on the building block, or a cumulative effect of several towers together could be determined. The first place in Rotterdam where this happened was the area around Rotterdam Central station. Here, from 2006, the addition of more high-rise around the new station building was considered. The position of the

er op basis van volumes (de volumes waarin een architect een gebouw ontwerpt) worden gekeken wat de effecten zijn van wind. Hiermee kon er snel inzichtelijk worden gemaakt waar er wellicht een gebouw lager moest, er een grotere *setback* moest komen (de hoogbouw verder terugzetten op het bouwblok), of een cumulatief effect worden vastgesteld van verschillende torens bij elkaar. De eerste plek in Rotterdam waar dit gebeurde, was het gebied rond station Rotterdam Centraal. Hier werd vanaf 2006 nagedacht over het toevoegen van meer hoogbouw rondom het nieuwe stationsgebouw. De positie van de torens bleek voor sommige plekken uiteindelijk doorslaggevend voor een goed windklimaat, terwijl tevens duidelijk werd dat de torens langs het spoor juist zorgden voor een beter windklimaat bij de tramhaltes, maar juist weer leidden tot een kleine verslechtering op andere plekken. Voor het hele gebied zijn uiteindelijk meerdere windstudies gedaan en veel verschillende configuraties aan torens, gebouwen en maatregelen doorgemeten.

Met grote houten blokken als volumes in een windtunnel kun je veel effecten voorspellen, maar de uiteindelijke vorm van het gebouw, de toegepaste materialen en de mate van 'grofheid' of reliëf van de gevel zijn allemaal van belang als het om wind gaat. Als het eerste ontwerp op hoofdlijnen is uitgewerkt, moet er opnieuw een windonderzoek worden gedaan om te bepalen of het ontwerp voldoet aan de regels voor wind en of eventuele zwakke plekken uit de eerste test zijn verbeterd.

Alle appartementen van 100Hoog hebben een buitenruimte of terras. Op de derde verdieping wordt een gezamenlijke daktuin voor de bewoners gerealiseerd van 800 m² met o.a. bomen en zitplekken. De plint op de hoek van de Wijnhaven en de Posthoornstraat zijn bestemd voor tien commerciële units met een oppervlakte van 1.050 m² bedoeld voor kleinschalige detailhandel.

All apartments of 100Hoog have an outdoor area or terrace. On the third floor, a shared roof garden of 800 m² will be realized for the residents, including trees and seating areas. The plinth on the corner of Wijnhaven and Posthoornstraat is intended for ten commercial units with a surface area of 1,050 m² for small-scale retail.

towers eventually proved decisive for a good wind climate in some places, while it also became clear that the towers along the railway line actually improved the wind climate at the tram stops, but led to a slight deterioration in other places. Multiple wind studies were eventually carried out for the whole area and many different configurations of towers, buildings and measures were tested.

Using large wooden blocks as volumes in a wind tunnel, you can predict many effects, but the final shape of the building, the materials used and the degree of 'coarseness' or relief on the façade all matter when it comes to wind. Once the initial design has been outlined, another wind study should be conducted to determine whether the design meets wind regulations and whether any weaknesses from the initial test have been improved. After the design is completed, a third and final wind study must be included with the formal building application. The idea behind this is to prevent wind problems, and to avoid having to take measures afterwards in the public area or on the buildings to still achieve a reasonable wind climate.

An example of where this procedure led to good design is FIRST on Weena, Robeco's new headquarters. Right behind FIRST is the monumental domed Bouwcentrum

Nadat het ontwerp is voltooid, moet bij de formele bouwaanvraag een derde en laatste windonderzoek worden meegeleverd. Het idee hierachter is om windproblemen te voorkomen én om niet achteraf in het openbaar gebied of aan de gebouwen maatregelen te moeten nemen om alsnog een redelijk windklimaat te krijgen. Een voorbeeld waar deze procedure heeft geleid tot een goed ontwerp is FIRST aan het Weena, het nieuwe hoofdkantoor van Robeco. Pal achter FIRST staat het monumentale koepelgebouw van het Bouwcentrum. Deze plek leent zich nadrukkelijk als een verblijfsplek, maar voor een goede verbinding met het Oude Westen was er vanaf het Weena wel een doorgang nodig tussen FIRST en het Kruispleingebouw . Deze doorgang was in de eerste windstudies een reden tot zorg, doordat er een heel slecht windklimaat zou ontstaan, met zelfs soms windgevaar. Het schuiven met de toren, maken van *setbacks*, een lagere toren of onderbouw leidde allemaal niet tot een verbetering. Met deze aantekening heeft Frits van Dongen een gebouw ontworpen waarbij er een openbare centrale hal is

gemaakt als passage tussen het Kruispleingebouw en FIRST. De wind komt nu op het dak van de passage terecht. Doordat het in een vroeg stadium bekend was, is de passage een vanzelfsprekend onderdeel van het gebouw.

Impressie van de herinrichting en vergroening van het Hofplein.
Impression of the redesign and greening of the Hofplein.

building. This spot very much lends itself as a place to linger, but a good connection to the Oude Westen district from the Weena required a passageway between FIRST and the Kruisplein building. This passage was a cause for concern in early wind studies, as it would create a very poor wind climate, with even wind hazard at times. Shifting the tower, setting it further back, a lower tower or substructure – none of these options led to an improvement. With this in mind, Frits van Dongen designed a building where a public central hall was created as a passage between the Kruisplein building and FIRST. The wind now hits the roof of the passage. Because it was known at an early stage, the passage is a natural part of the building.

In addition to wind studies done in wind tunnels, there are many wind studies nowadays that are done entirely digitally, called CFD models (Computational Fluid Dynamics). These can be used to approximate the effects of wind (and wind nuisance) for new buildings and the surrounding area. But wind remains complex. For both methods, you sometimes see significant differences between measurement points that are close to each other, places where you thought beforehand it would

Naast de windstudies die gedaan worden in windtunnels zijn er tegenwoordig ook veel windstudies die helemaal digitaal worden gedaan, de zogenaamde CFD-modellen (Computational Fluid Dynamics). Hiermee kan er bij benadering gekeken worden wat de effecten zijn van wind(hinder) voor nieuwe gebouwen en het gebied eromheen. Maar wind blijft complex. Voor beide methoden zie je soms grote verschillen tussen meetpunten die dicht bij elkaar liggen, zijn plekken waar je van tevoren dacht dat het slechter zou zijn juist heel redelijk en zijn andere plekken weer minder goed dan vooraf gedacht. Het meten van (wind) hinder blijft een benadering van de werkelijkheid, ook al is er de afgelopen jaren veel kennis bijgekomen, terwijl het relatief eenvoudig is om de bezonning van een gebouw precies in beeld te krijgen. Toch zie je dat ook hier digitalisering nog nieuwe mogelijkheden geeft. Met combinaties van data heeft MVRDV de SolarScape bedacht. Een manier om bouwregels voor hoogbouw in een model te zetten en aan de hand daarvan te bepalen op basis van bezonningsregels waar er nog potentie is om te bouwen. Met SolarScape is het mogelijk om voor een veel groter gebied in één keer te zien waar er nog ruimte is om te verdichten.

Atrium als openbare passage die het oude en nieuwe gebouw verbindt, als voorbeeld om windproblemen op straat op te lossen. Atrium as a public passage connecting the old and new building, as an example of solving wind problems in the street.

be worse are actually very reasonable and other places are again not as good as thought beforehand. Measuring wind nuisance remains an approximation of reality, even though considerable knowledge has emerged in recent years, while it is relatively easy to get a precise picture of a building's sunlighting. Nevertheless, you see that here, too, digitization is providing new opportunities. Using combinations of data, MVRDV came up with the SolarScape. It is a way of modelling building rules for high-rise and using the models to determine where there is still potential to build, based on sunlighting rules. With SolarScape, it is possible to see at once for a much larger area where there is still room to densify.

More housing in the centre
The 1946 Basic Plan for Rotterdam envisaged a city centre where people worked, shopped and enjoyed recreation. The residential function was reduced by more than half. Before the bombing in 1940, the city centre had a population of more than 90,000. In the post-war reconstruction plan, there was space for 10,000 homes.

Meer woningen in de binnenstad

Het Basisplan voor Rotterdam uit 1946 voorzag in een binnenstad waar mensen werkten, winkelden en recreëerden. De woonfunctie werd met meer dan de helft teruggebracht. Vóór het bombardement telde de binnenstad meer dan 90.000 inwoners. In het wederopbouwplan was er plaats voor 10.000 woningen. Met de gemiddelde bezetting van destijds ongeveer vier personen per woning, was er plek voor 40.000 nieuwe binnenstadsbewoners.

Met het loslaten van deze scheiding van functies sinds 2000 zijn er de afgelopen jaren fors meer woningen bijgekomen. Uitgedrukt in oppervlakte was dat rond 2008 ongeveer 117 m^2 ruimte binnenstad per inwoner. Ter vergelijking: Amsterdam zat toen op 104 m^2 en Den Haag op 103 m^2. Met de toenemende verdichting die nu gaande is, is dit cijfer voor de Rotterdamse binnenstad nu ongeveer 70 m^2 per inwoner. Hiermee wonen er dus relatief de meeste mensen in de Rotterdamse binnenstad ten opzichte van andere binnensteden. Tel hierbij op dat ook het aandeel werkenden in de binnenstad al tijden hoog was (rond de 80.000 arbeidsplaatsen), maar de afgelopen twintig jaar is hier ook een forse groei genoteerd naar ongeveer 120.000 arbeidsplaatsen en dat aantal blijft groeien. Ook de

CFD (computational fluid dynamics) analyse van energieverlies en windimpact CFD (computational fluid dynamics) analysis of energy loss and wind impact

With the average occupancy of about four people per dwelling at the time, there was room for 40,000 new inner-city residents.

With the abandonment of this separation of functions since 2000, there has been a substantial increase in housing in recent years. Expressed in area, there was about 117 m^2 city-centre space per inhabitant around 2008. By comparison: in Amsterdam at that time it was 104 m^2 and in The Hague 103 m^2. With increasing densification now underway, this figure for the Rotterdam centre is now about 70 m^2 per inhabitant. It means that, in relative terms, the greatest number of people live in Rotterdam's city centre compared to other city centres. Add to this the fact that the number of working people in the city centre has also been high for quite some time (around 80,000 jobs), but over the past 20 years, this has also seen sharp growth to around 120,000 jobs and that number continues to grow. The average area per job can also be calculated, to give an idea of the ratio between the cities. In 2008, this was 46 m^2 in Rotterdam, while in Amsterdam and The Hague, it was 93 m^2 and 48 m^2 respectively. By now, it is about 35 m^2 for Rotterdam. This indicates that

gemiddelde oppervlakte per arbeidsplaats kan worden berekend, om een idee te geven hoe de verhouding tussen de steden is. In Rotterdam was dit in 2008 46 m², in Amsterdam en Den Haag respectievelijk 93 m² en 48 m². Inmiddels is dit voor Rotterdam ca. 35 m². Dit geeft aan dat de binnenstad van Rotterdam een plek is waar het de afgelopen jaren fors meer mensen zijn gaan wonen en werken.

Voor de druk op een gebied of de stad is ook een andere manier om dit te berekenen: de Floor Space Index (FSI). Dit is het aantal gebouwde vierkante meters van alle lagen in gebouwen gedeeld door de oppervlakte van een gebied (In deze oppervlakte worden ook de straten, singels, haven en pleinen meegenomen). Hiermee kan je, los van beeld en hoogte, een goed beeld krijgen in welke mate een gebied is bebouwd (en dus uiteindelijk iets zegt over de druk op een gebied). Dus hoe hoger de FSI, hoe meer programma (woningen, kantoren, retail, horeca, etc.) er is in een bepaald gebied. De gemiddelde historische binnenstad in Nederland haalt een FSI van 1,5 tot 2. Dit betekent dat elke vierkante meter in zo'n

binnenstad gemiddeld 1,5 tot 2 lagen bebouwing heeft. Voor Rotterdam zijn de cijfers anders. Er is weliswaar veel ruimte in de binnenstad door alle boulevards die erdoorheen lopen, maar het Lijnbaankwartier haalt

Een studie van MVRDV om te kijken waar er ruimte is om te bouwen op basis van de bezonningsregels van de hoogbouwvisie. A MVRDV study to see where there is room to build based on the sunlighting rules of the high-rise vision.

Rotterdam's city centre has seen significantly more people living and working there in recent years.

To assess pressure on an area or city, there is also another way to calculate this: the Floor Space Index (FSI). This is the number of built square metres of all the levels in buildings, divided by the area of a piece of land (this includes streets, canals, harbour and squares). It allows you to get a good idea, separately from image and height, of the extent to which an area is built up (and therefore ultimately says something about the pressure on an area). So, the higher the FSI, the more programme (housing, offices, retail, hospitality, etc.) there is in a given area. The average historic city centre in the Netherlands achieves an FSI between 1.5 and 2. This means that every square metre in such a city centre has an average of 1.5 to 2 levels of buildings. For Rotterdam, the figures are different. While there is plenty of space in the city centre because of all the boulevards running through it, the Lijnbaan quarter easily achieves an FSI above 3, Wilhelminapier has an FSI of 4 (which will rise once the last buildings here are completed) and Wijnhaven island also

DE ROTTERDAM | 2009-2013 | Wilhelminapier | Architect: Office for Metropolitan Architecture | 240 appartementen, 72.000 m² aan kantoren, conferentieruimten, 670 parkeerplaatsen, 44 verdiepingen en 149 meter hoog en een totaal vloeroppervlak van 160.000 m² · 240 apartments, 72,000 m2 of offices, conference rooms, 670 parking spaces, 44 floors and 149 metres in height and a total floor area of 160,000 m²

gemakkelijk een FSI van boven de 3, de Wilhelminapier heeft een FSI van 4 (dat zal stijgen als hier de laatste gebouwen zijn opgeleverd) en het Wijnhaveneiland komt ook boven de 3 FSI uit. Een belangrijke oorzaak is dat er in de wederopbouw is gekozen voor een nieuwe vorm van gebouwen, waarbij er geen sprake was van een gesloten bouwblok met in het midden een groen binnenterrein, maar veel blokken en stroken die geen binnenterrein hebben, of aan een expeditiestraat liggen. Bijna alle ruimte in de binnenstad ligt dus aan de straatzijde. Dit mogen dan wel grote straten en boulevards zijn, qua dichtheid is het minder niet-bebouwde ruimte dan in een historische binnenstad.

Deze benadering laat zien dat de Rotterdamse binnenstad meer gebouwde vierkante meters heeft dan een gemiddelde binnenstad. Verdere verdichting van de stad kan alleen worden gerealiseerd door hoogbouw. Maar er is geen vrije ruimte meer om zomaar een toren neer te zetten. Deze worden gebouwd op plekken waar al gebouwen staan en wat er terugkomt is meestal een stuk hoger. Denk hier bijvoorbeeld aan POST, de woontoren die op het oude hoofdpostkantoor wordt gezet. Hoogbouw is in de Rotterdamse binnenstad de logische en soms enige manier om meer toe te voegen.

De binnenstad is de afgelopen twintig jaar radicaal veranderd door te breken met sommige uitgangspunten van het Basisplan. De strikte functiescheiding die

De Rotterdam is een vertaling van de verticale stad waarbij verschillende gebruikers van het gebouw op verschillende plekken elkaar kunnen ontmoeten. De Rotterdam wordt dagelijks door zo'n 5.000 mensen gebruikt. Het omvat een hotel met 285 kamers; 1500 m² voor cafés en restaurants, 2.500 m² fitnessruimte en 5000 m² winkelruimte. Met een dichtheid van 32FSI is dit het dichtst bebouwde stukje Rotterdam.

De Rotterdam is a translation of the vertical city where different users of the building can meet in different places. De Rotterdam is used by about 5,000 people every day. It includes a 285-room hotel, 1500 m² for cafés and restaurants, 2,500 m² gym and 5000 m² retail space. With a density of 32FSI, this is the most densely built-up part of Rotterdam.

exceeds 3 FSI. A major cause is that post-war reconstruction opted for a new form of buildings, which did not involve a closed building block with a green courtyard in the middle, but many blocks and strips that do not have a courtyard, or lie on a service road. Almost all the space in the city centre is therefore on the street side. These may be large streets and boulevards, but in terms of density, there is less non-developed space than in a historic city centre.

This approach shows that Rotterdam city centre has more built-up square metres than an average city centre. Further densification of the city can only be achieved with high-rise. But there is no more free space to just put up a tower. These are built where there are already buildings and what comes back is usually significantly taller. Take as an example POST, the residential tower being put on top of the old main post office. High-rise is the logical and sometimes only way to add more in the centre of Rotterdam.

The city centre has changed radically over the past 20 years by breaking with some of the principles of the Basic Plan. The strict separation of functions that was laid down in the Plan (and which we sometimes still see today: you need only think of

daarin was vastgelegd (en die we soms nog steeds terugzien: denk alleen al aan het Museumpark, waar alle culturele voorzieningen bij elkaar geclusterd zijn) zorgde niet voor een aantrekkelijk en levendig centrum. Vanaf 2000 werd er besloten te verdichten en meer functies te gaan mixen. De keuze voor hoogbouw in de Rotterdamse binnenstad is dan ook een logisch gevolg van de wens om te verdichten. Met de relatief kleine bouwblokken in de Rotterdamse binnenstad ligt het niet voor de hand om grootse bouwblokken te maken van maximaal tien lagen hoog. Ook het ontbreken van een middeleeuws stadscentrum geeft ruimte om de hoogte op te zoeken.

De nieuwe hoogbouw heeft de afgelopen jaren geleid tot een spectaculaire groei van het aantal inwoners en werknemers. Rond het jaar 2000 had de binnenstad ongeveer 12.000 bewoners, nu zijn dat er meer dan 50.000. De nieuwe bewoners zorgen ervoor dat er meer voetgangers en fietsers in de binnenstad zijn. Nu de stad op ooghoogte aantrekkelijk wordt gemaakt, onder meer doordat er veel groene plekken bij zijn gekomen, is de Rotterdamse binnenstad is niet langer een gebied met enkele leuke plekjes, maar een levendige openbare ruimte.

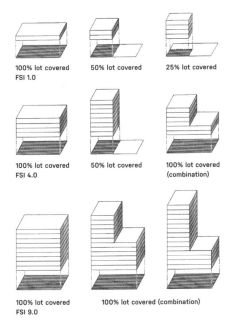

100% lot covered
FSI 1.0   50% lot covered   25% lot covered

100% lot covered
FSI 4.0   50% lot covered   100% lot covered (combination)

100% lot covered
FSI 9.0   100% lot covered (combination)

De bepaling van de Floor Space Index (FSI).
The determination of the Floor Space Index (FSI).

Museumpark, where all the cultural facilities are clustered together) did not make for an attractive and lively centre. From the year 2000, the decision was taken to densify and mix more functions. Opting for high-rise in Rotterdam's city centre is therefore a logical consequence of the desire to densify. With the relatively small building blocks in Rotterdam city centre, it would not be an obvious choice to create grand building blocks of up to 10 storeys. The lack of a medieval city centre also offers room to explore the heights.

The new high-rise buildings have led to a spectacular growth in the number of residents and workers in recent years. Around the year 2000, the centre had about 12,000 residents; now it has more than 50,000. The new residents mean that there are more pedestrians and cyclists in the city centre. Now that the city is being made attractive at eye level, including by the addition of many green spaces, the centre of Rotterdam is no longer an area with a few attractive spots, but is now a lively public space.

Densification is greening

There are now more than 30 towers above 70 metres in the city centre. These have

Verdichting is vergroening

Inmiddels staan er meer dan dertig torens boven de 70 meter in de binnenstad. Deze hebben nadrukkelijk bijgedragen om tot een meer levendige en verdichte binnenstad te komen. Maar het alleen toevoegen van nieuwe gebouwen met (vooral) meer bewoners vraagt ook om een visie op voorzieningen die niet uitsluitend horen bij een specifiek gebouw, maar de consequentie zijn van de aanwezigheid van al die nieuwe bewoners, werknemers en toeristen. In 2012 stond de Internationale Architectuur Biënnale (IABR) in het teken van 'Making Cities'. De Rotterdamse inzending hiervoor, 'Rotterdammers maken stad', was een onderzoek naar de mogelijkheden van het verder verdichten van de binnenstad en de gevolgen hiervan. Er was gekozen voor zeven verdichtingsstrategieën, van het toevoegen van grondgebonden woningen op de resterende stukjes braakliggende plekken, tot wonen op het water en natuurlijk het toevoegen van hoogbouw. Van het potentieel van 20.000 nieuwe woningen dat hierdoor zou kunnen worden gebouwd volgens het onderzoek, bevonden zich meer dan 11.000 woningen

Stationsplein Rotterdam CS op de kop van de hoogbouwzones.
Stationsplein Rotterdam CS at the head of the high-rise zones.

decidedly contributed to achieving a more lively and dense city centre. But just adding new buildings with, in particular, more residents also requires a vision for facilities that do not belong exclusively to a specific building, but are the consequence of the presence of all those new residents, workers and tourists. In 2012, the theme of the International Architecture Biennale Rotterdam (IABR) was 'Making Cities'. Rotterdam's entry, 'Rotterdammers make city', was an investigation into the possibilities of further densifying the inner city and the consequences of this approach. Seven densification strategies were chosen, which ranged from adding housing with ground-level access on the remaining pieces of vacant land, to waterfront living and, of course, adding high-rise. According to the study, of the potential 20,000 new homes that could be built as a result, more than 11,000 were in high-rise buildings. By looking not only at numbers, but also at the effects on noise, heat stress, wind,

in hoogbouw. Doordat er niet alleen gekeken werd naar aantallen, maar ook naar de effecten op onder meer geluid, hittestress, wind, 'zonrechten', waterberging en leefomgeving, kon worden berekend dat bij voortgaande verdichting er heel veel groen bij moest komen om ervoor te zorgen dat de binnenstad ook in de toekomst een aantrekkelijke plek is. Er waren daarom eveneens zeven vergroeningsstrategie-en in deze studie ontwikkeld, van groene kades, tot groene daken en vergroening van de boulevards. De gevolgen van deze verdichtings- en vergroeningsstrategieën zijn door TNO doorgerekend wat betreft klimaat, gezondheid en mobiliteit. Uitkomst was dat een hogere bebouwingsdichtheid lopen en fietsen stimuleert (dit kwam ook al uit de eerdergenoemde gps-studies). De verkeersdrukte in de binnenstad, die vooral wordt veroorzaakt door forenzen en andere bezoekers van buiten de stad, neemt nauwelijks toe. Hittestress zal afnemen door vergroening van daken en asfalt, maar ook zal hoogbouw voor meer schaduw zorgen op hete dagen. Voornaamste conclusie is echter wel dat alles beter wordt, zolang er naast het bouwen van nieuwe huizen groots wordt ingezet op vergroening van de binnenstad.

In 2012 was er per inwoner 37 m² groen in een straal van 250 meter. Met de toevoeging van in totaal 280 (!) voetbalvelden aan groen in de studie van de IABR zou er (met een toename van 30.000 inwoners)

Westerkade in het stadscentrum aan de rivier voor transformatie. Westerkade in the city centre on the river before transformation.

'solar rights', water storage and living environment, among other things, it was possible to calculate that with continued densification, a significant amount of green space would have to be added to ensure that the city centre remained an attractive place in the future. Seven greening strategies were therefore also developed in this study, ranging from green quays and green roofs to the greening of boulevards. The impacts of these densification and greening strategies were calculated by TNO with regard to climate, health and mobility. The outcome was that higher building density encourages walking and cycling (this was also found in the aforementioned GPS studies). Traffic density in the city centre, caused mainly by commuters and other visitors from outside the city, would hardly increase at all. Heat stress would be reduced by greening roofs and asphalt, but high-rise buildings also provide more shade on hot days. The main conclusion, however, was that everything would get better, provided major efforts were made to green the city centre in addition to building new homes. In 2012, there was 37 m² of green space per inhabitant within a 250-metre radius. With the addition of a total of 280(!) football fields of green space in the IABR study, there would be (with an increase of

in 2040 ongeveer 35 m² groen per Rotterdammer beschikbaar zijn. Dit is nog steeds onder de gemiddelde oppervlakte die de WHO (World Health Organization) opgeeft voor stedelijke gebieden, maar is in vergelijking met andere steden echt een goed gemiddelde.

In de drukke Rotterdamse binnenstad, die de afgelopen periode steeds verder is verdicht, is ook veel aandacht, tijd en geld besteed aan het groener maken van verschillende plekken. Wie herinnert zich nog de Westerkade waar vierhonderd auto's konden parkeren, maar waar nu een mooi groene ruimte aan de Maas is gemaakt, of het stenige Grote Kerkplein, nu een groene ruimte midden in de stad. Bijna de helft van alle straten en pleinen in de binnenstad is de afgelopen jaren op de schop gegaan. Het aantal bomen is er met 10 procent toegenomen.

Maar niet alleen de pleinen en straten zijn getransformeerd. De drukker wordende binnenstad vroeg ook om andere investeringen dan in mooie plekken. Zo zijn er de afgelopen decennia verschillende P+R-plekken gemaakt die gekoppeld zijn aan de metro. Zo kan je nu als bezoeker ook kiezen om niet met je auto helemaal naar

de binnenstad te rijden, maar het laatste stuk met de metro te doen. Ook zijn er vier grote park&walk-garages gemaakt rond de binnenstad, onder meer onder het Kruisplein en onder

Westerkade getransformeerd tot aantrekkelijke promenade. Westerkade transformed into an attractive promenade.

30,000 inhabitants) about 35 m² of green space per Rotterdam inhabitant available in 2040. This is still below the average area the WHO (World Health Organization) specifies for urban areas, but is a really good average compared to other cities.

In Rotterdam's busy city centre, which has become increasingly densified in recent times, a great deal of attention, time and money has also been spent on making various places greener. Who remembers the Westerkade where 400 cars could park, but where a beautiful green space on the Maas has now been created, or the paved-over Grote Kerkplein, now a green space in the middle of the city. Nearly half of all the streets and squares in the city centre have been revamped in recent years. The number of trees there has increased by 10%.

But not only the squares and streets have been transformed. The increasingly busy city centre also demanded other investments than just in attractive places. For instance, several Park+Ride spots linked to the metro have been created in the last decades. As a visitor, for instance, you now also have the option to not drive your car all the way to the city centre, but to travel the last part by metro. Four large

119

FIRST | 2012-2016 | Weena | Architect: de Architecten Cie, Frits van Dongen | Kantoorgebouw met een vloeroppervlak van 47.000m², 31 verdiepingen, 2 ondergronds parkeeretages van 7.400 m², 128 meter hoogte. Office building with a floor area of 47,000m², 31 floors, 2 underground parking levels of 7,400 m², 128 metres in height.

het Museumpark. Deze zijn zo gekozen dat je snel op de gewenste plek bent én parkeren is er goedkoper dan bovengronds in de binnenstad. Dergelijke ingrepen waarmee stedelijke ruimte vrijkomt, kunnen worden ontworpen door op verschillende schaalniveaus van de stad na te denken over hoe mensen naar de binnenstad komen. Zo zijn er de afgelopen jaren ongeveer 3.000 straatparkeerplaatsen getransformeerd naar terras, parkeerplekken voor fietsers, groen en zelfs speelplekken. Ook dit draagt bij aan een meer aantrekkelijke binnenstad.

Andere manieren van bewegen

Het onderzoek van de Veldacademie toonde al aan dat de hoogbouwbewoner in Rotterdam veel meer loopt en fietst dan de gemiddelde Rotterdammer. Er zijn veel data beschikbaar hoe mensen zich bewegen door de binnenstad. De afgelopen 25 jaar is er een grote verandering geweest in de manier waarop de mobiliteit zich heeft ontwikkeld. Er is een afname van meer dan 10% geweest van het aantal autoritten in de binnenstad. Tegelijk is het aantal fietsers met meer dan 170% gestegen en is het aantal mensen die van het ov gebruikmaken met circa 20% gestegen. [Zakboekje binnenstad 2018, Gemeente Rotterdam, p. 45]. Het aantal voetgangers in de binnenstad is lastig te berekenen over dezelfde periode, aangezien het

Het ontwerp van de gevel van First is geïnspireerd op het Groothandelsgebouw, dat aan de andere kant van de straat ligt. In totaal wordt 800 m² in het gebouw in beslag genomen door publieke en commerciële ruimtes, waarvan de helft horeca. Dit duurzame gebouw heeft 200 zonnepanelen, een groen dak, een binnenhof met tuin, dakterrassen en een ondergrondse koude-warmteopslag uit 230 meter diepe ondergrondse bronnen die het gehele gebouw verwarmt en koelt.

The design of the façade of First is inspired by the Groothandelsgebouw, which is located on the other side of the street. A total of 800 m² in the building is occupied by public and commercial spaces, half of which are hospitality. This sustainable building has 200 solar panels, a green roof, a courtyard with a garden, roof terraces and a ground-coupled heat exchanger from 230-metre-deep underground wells that heats and cools the entire building.

park&walk garages have also been created around the city centre, including under Kruisplein and under Museumpark. These were chosen so that you could quickly get to your destination and parking there is cheaper than above-ground parking in the city centre. Such interventions that free up urban space can be designed by considering at different scales of the city how people travel to the city centre. In recent years, for instance, around 3,000 on-street parking spaces have been transformed into café terraces, parking spaces for cyclists, greenery and even play areas. This also contributes to a more attractive city centre.

Changing ways of moving

The Veldacademie research had already demonstrated that high-rise residents in Rotterdam walk and cycle much more than the average inhabitant. There is plenty of data available on how people move through the city centre. The past 25 years have seen a major change in the way mobility has evolved. There has been a decrease of more than 10% in the number of car journeys in the city centre. At the

voetgangersverkeer pas vanaf 2014 echt goed wordt gemeten, maar je hebt geen data nodig om te zien dat het een stuk drukker is geworden. Maar ook de gemiddelde verblijfstijd in de binnenstad is toegenomen met meer dan 10%. [Collegetarget langer verblijven 2014–2018]. De cijfers over hoe mensen zich verplaatsen, worden pas echt interessant als je bedenkt dat er in dezelfde periode sprake was van een sterke verdichting. Met veel meer inwoners en werknemers in de binnenstad is bijvoorbeeld een afname van het aantal autoritten met 10% in dezelfde periode echt spectaculair te noemen.

De verdichting zorgt dus niet alleen voor een meer levendige binnenstad waar langer wordt verbleven, het zorgt nadrukkelijk voor een omslag in de manier waarop we ons door de binnenstad bewegen. Nabijheid is belangrijker aan het worden dan bereikbaarheid. Voor hoogbouw heeft dit nogal wat consequenties gehad.

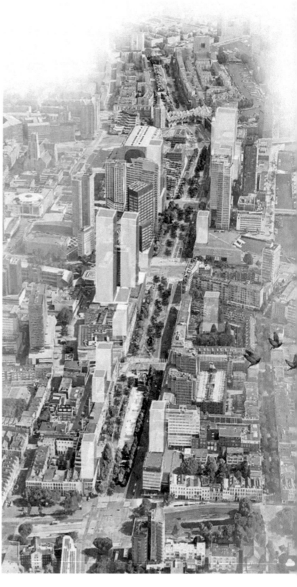

De transfromatie van Blaak en Westblaak tot Blaakpark. The transformation of Blaak en Westblaak into Blaak Park.

same time, the number of cyclists increased by more than 170% and the number of people using public transport increased by about 20%. [Zakboekje binnenstad 2018, Gemeente Rotterdam, p. 45]. The number of pedestrians in the city centre is difficult to calculate over the same period, as pedestrian traffic has only really been measured properly from 2014 onwards, but you don't need data to see that it has become busier. But the average length of time people linger in the centre also increased by more than 10%. [Collegetarget langer verblijven (City Council target longer lingering) 2014–2018]. The figures on how people move around become really interesting when you consider that during the same period there was strong densification taking place. With many more residents and workers in the city centre, for example, a 10% decrease in car journeys over the same period can really be called spectacular.

Het is altijd vanzelfsprekend dat het aantal parkeerplaatsen in nieuwe gebouwen wordt berekend conform de gemeentelijke parkeernormen. Lange tijd was de normering voor binnenstedelijke locaties ongeveer 1,2 parkeerplaats per woning (er was een verschil in de norm op basis van woninggrootte, type woning en plek in de stad). Denk dan aan een hoogbouw waarin 200 woningen worden gemaakt. Dit zou leiden tot 240 parkeerplaatsen die in het nieuw bouwblok moeten worden ondergebracht. Gemiddeld is een parkeerplaats in een parkeergarage circa 25 m² (inclusief rijbanen en entrees); dit kwam neer op 6.000 m² ruimte die gemaakt moest worden. Voor een gemiddelde toren met een verdieping van 450 m² tot 900 m² betekende dit minimaal zes parkeerlagen. Met de slankheidsregels die in Rotterdam gelden, is de toren onderdeel van een groter blok met verdiepingen van gemiddeld tussen 2.000 m² en 4.000 m² en resulteerde dit al snel tot twee parkeerlagen over het hele blok. Daarnaast kost het bouwen van een parkeerplaats circa € 20.000 euro bovengronds en ondergronds kan het wel oplopen tot € 60.000 (de kosten zijn dan tussen € 4,4 miljoen en € 13,2 miljoen om alleen het parkeren op te lossen). De vraag is of je zoveel geld aan parkeren wilt uitgeven. De nieuwe binnenstadsbewoners die de hoogbouw betrokken, konden dus allemaal een auto in een parkeergarage zetten, maar het zijn juist deze bewoners die steeds minder vaak een auto bezitten.

Zicht op het stadscentrum met op de voorgrond Het Park onder de Euromast.
View of the city centre with Het Park under the Euromast in the foreground.

So, densification not only creates a more lively city centre where people spend more time, it emphatically creates a change in the way we move through the city centre. Proximity is becoming more important than accessibility. For high-rise, this has had quite a few consequences. It is always standard that the number of parking spaces in new buildings is calculated in accordance with municipal parking norms. For a long time, the norm for inner-city locations was about 1.2 parking spaces per dwelling (there was a difference in the norm based on dwelling size, dwelling type and location in the city). If you take a high-rise building in which 200 homes will be made, this would result in 240 parking spaces being accommodated in the new building block. On average, a parking space in a car park takes up about 25 m² (including driving lanes and entrances);

Gevolg was dan ook dat er in verschillende hoogbouwprojecten leegstand was in parkeergarages. Waarom zou je een auto willen hebben als je alles in de buurt hebt en je dicht bij een goed openbaar vervoersknooppunt woont? Een plek voor een fiets is dan wellicht belangrijker dan een plek voor een auto. De afgelopen jaren zijn in Rotterdam de parkeernormen hierop aangepast. De minimumnorm is het maximum geworden. Voor Rotterdammers die binnen 400 meter van een hoogwaardige ov-halte wonen (denk hierbij aan metro en trein) mogen er minder parkeerplekken worden gemaakt. Als er veel meer fietsstalling in een gebouw wordt gemaakt, zijn er minder parkeerplaatsen nodig. En ook hier heeft digitalisering een belangrijke rol, want deelautoconcepten (waarbij een VVE een aantal auto's heeft die beschikbaar zijn voor bewoners op dagen dat ze toch een auto nodig hebben) zorgen ervoor dat het kunnen beschikken over een auto wellicht goedkoper en makkelijker is dan het hebben van een eigen auto. De nieuwe generatie hoogbouw maakt dan ook fors minder parkeerplaatsen voor auto's. Het geld dat wordt uitgespaard, kan weer in andere zaken gestopt worden om het gebouw beter te maken.

Ook zijn hiermee excessen zoals de parkeerverdiepingen in de Hoge Heren en de

De fietsenstallig van Rotterdam centraal met capaciteitvoor 5.190 fietsen. The bicycle parking garage at Rotterdam Central station with space for 5,190 bicycles.

this amounts to 6,000 m² space that would have to be created. For an average tower, where a storey is 450 m² to 900 m², this meant a minimum of six parking levels. With the slenderness rules in place in Rotterdam, the tower is part of a larger block with storeys averaging between 2,000 m² and 4,000 m² and would soon result in two parking levels across the whole block. In addition, building a parking space costs around € 20,000 above ground, and underground can be as much as € 60,000 (the cost is then between € 4.4 million and € 13.2 million to solve just the parking). The question is whether you want to spend that much money on parking. So, the new inner-city residents who moved into the high-rise buildings could all put a car in a parking garage, but it is precisely these residents who are less and less likely to own a car.

As a result, there were empty spaces in car parks in several high-rise projects. Why would you want a car when you have everything nearby and you live close to a good public-transport node? A place for a bicycle may be more important than a space for a car. In recent years, parking norms in Rotterdam have been adjusted accordingly. The minimum norm has become the maximum. For Rotterdammers living within 400 metres of a high-quality public-transport stop (for instance, metro and train), fewer

Maastoren grotendeels verleden tijd. Deze hoogbouw heeft vanuit kostenoverweging het parkeren boven de begane grond opgelost. Er zit er tot wel vier lagen parkeren boven de begane grond. Dit draagt volstrekt niet bij aan levendigheid en een aantrekkelijke straat. Zeker niet als je 's avonds lopend of fietsend over de Erasmusbrug gaat en de tl-balken kunt tellen in de parkeergarages van deze gebouwen. Maar er zijn ook voorbeelden van parkeeroplossingen die je wellicht niet eens ziet. Zo heeft woontoren The Muse het parkeren 'ingepakt' en lijkt het net of het woonlagen zijn. Het gaat dus niet alleen over de hoeveelheid parkeerplaatsen die nodig zijn, maar ook de manier waarop parkeren wordt ingepast in hoogbouw.

Ook voor hoogbouw waarin wordt gewerkt is er veel veranderd, en eveneens qua parkeren. Voorheen waren het vooral de grote kantoorpanden voor één bedrijf die in de binnenstad werden gebouwd. Denk aan de torens op de Blaak, de Hofpleintoren en de Lloyd Tower. Bedrijven die veel vierkante meters nodig hadden, bouwden in de binnenstad torens met oppervlaktes tot wel 40.000

m². De afgelopen jaren zijn er maar enkele kantoortorens bij gekomen. De Maastoren, De Rotterdam en FIRST (nieuwe Robecotoren) zijn hier

Parkeeroplossing ontworpen als gevel met balkons en suggestie van appartementen.
Parking solution designed as a façade with balconies and suggestion of apartments.

parking spaces may be created. If significantly more bicycle parking is created in a building, fewer car parking spaces are needed. And here, too, digitization has an important role to play, as shared-car concepts (where an owners' association has a number of cars available to residents on days when they do need a car) mean that being able to use a car may be cheaper and easier than having your own. Consequently, the new generation of high-rise makes significantly fewer parking spaces for cars. The money saved can be put back into other things to make the building better. It will also make excesses such as the parking levels in the Hoge Heren and the Maastoren largely a thing of the past. These high-rise buildings solved parking above ground level from a cost perspective. However, there are up to four levels of parking above the ground floor. This does not contribute at all to liveliness and an attractive street. Certainly not when you walk or cycle across the Erasmus Bridge at night and can count the fluorescent strip lighting in the car parks of these buildings. But there are also examples of parking solutions that you might not even see. For example, residential tower The Muse has 'wrapped up' the parking and it looks just like residential floors. So, it is not just about the amount of parking spaces needed, but also how parking is incorporated into high-rise buildings.

voorbeelden van. Veel van deze bedrijven hebben huurcontracten van tien tot vijftien jaar en kunnen daarna kiezen om de huur te verlengen of ergens anders naartoe te gaan, zoals de verhuizing van Robeco van de Blaak naar het Weena. De vrijgekomen ruimte wordt vervolgens weer verhuurd, waarbij opvalt dat de meeste vrijgekomen kantoorruimte in de binnenstad tegenwoordig aan kleinere partijen wordt verhuurd, of geschikt gemaakt wordt voor de zzp'ers die in de binnenstad werken (dat zijn er meer dan 25.000 zzp'ers). [Cijfers Rotterdamse Kamer van Koophandel]. Dat betekent dat er bestaande kantoren worden gedeeld. Ook in hoogbouw. Zo zijn bijvoorbeeld de Delftse Poort (voormalig hoofdkantoor Nationale Nederlanden), de Hofpleintoren (voorheen Shell) en het voormalige HBU-pand op de Coolsingel omgebouwd naar kantoorruimtes waar een veelheid aan bedrijven en zzp'ers werken. De bedrijven die naar dit soort gebouwen komen, zijn meestal vertrokken uit de periferie (denk aan Brain Park of bedrijfsterreinen in de regio) en kiezen bewust voor de binnenstad. Redenen hiervoor zijn dat de meeste werknemers al in de stad wonen, er ook behoefte is aan gezelligheid met de lunch en na het werk én een goede bereikbaarheid met het ov. De auto speelt hier veel minder een rol. Sterker nog, sommige bedrijven hebben niet eens parkeerplaatsen bij 'hun' kantoor. Voor de zzp'ers geldt dit in het extreme. Zij wonen in Rotterdam, lopen en fietsen naar bijna alle bestemmingen en zitten niet te wachten op een kantoor waar ze verplicht

De Muse en de naastgelegen CasaNova zijn verbonden met een terras op de 5e laag van het gebouw. De beide torens worden aan elkaar gekoppeld met als centrale ontmoetingsplek op de vijfde verdieping een groene daktuin van 1.600 m². Hier zijn de gemeenschappelijke functies voor beide torens zoals gastenkamers, sportfaciliteiten, werkruimtes en een gemeenschappelijk keuken.

The Muse and the adjacent CasaNova are connected with a terrace on the 5th floor of the building. The two towers are linked together with a green roof garden of 1,600 m2 as the central meeting place on the fifth floor. Here are the communal functions for both towers, such as guest rooms, sports facilities, work areas and a communal kitchen.

Much has also changed for high-rise where people work, and in a similar way for parking. Previously, mainly large single-company office buildings were built in the city centre. For instance, the towers on Blaak, the Hofpleintoren and the Lloydtoren. Companies that needed a lot of square metres built towers in the city centre with areas up to 40,000 m². In recent years, only a few office towers have been added. The Maastoren, De Rotterdam and FIRST (new Robeco tower) are examples. Many of these companies have 10 to 15-year leases and can then choose to renew the lease or move elsewhere, such as Robeco's move from the Blaak to Weena. The vacant space is then re-let, and it is notable that most vacant office space in the city centre is now leased to smaller parties, or made suitable for self-employed people who work in the centre (there are more than 25,000 self-employed people). [Figures Rotterdam Chamber of Commerce]. That means that existing offices are shared. In high-rise buildings as well. For example, the Delftse Poort (former headquarters of Nationale Nederlanden), the Hofpleintoren (formerly Shell) and the former HBU building on the Coolsingel have been converted into office spaces where a great many companies

worden ook een parkeerplaats af te nemen. Belangrijk voor de nieuwe generatie kantoorgebruikers is dat er mogelijkheden zijn om goed, makkelijk door de binnenstad te kunnen lopen en fietsen, dat de kantooromgeving ook aantrekkelijk moet zijn en dat er plekken zijn voor (toevallige) ontmoetingen. En ook hier is deelgebruik van voorzieningen dus een leidend principe geworden: delen van kantine of koffiebar tot aan printers en deelfietsen en soms de eventuele deelauto – als het dan toch een keer moet.

Nut en noodzaak van hoogbouw

Het wederopbouwplan voor de binnenstad voorzag in een grid van boulevards waarbinnen verschillende kwartieren lagen, elk met een eigen identiteit. Bouwblokken in deze kwartieren lagen min of meer vast en ook deze waren niet meer zo groot met binnenterreinen, zoals we kennen uit andere historische steden, maar veel kleiner, hoger en soms met expeditiestraten ertussen. De buitenruimte die tot dan toe onderdeel was van het bouwblok werd, in de moderne plattegrond die Van Traa in zijn Basisplan had getekend, bij de openbare ruimte getrokken. Hierdoor is een binnenstad ontstaan die twee keer zo

Een uitgebreid tram- en metro-netwerk tot in de regio. An extensive tram and metro network reaching into the region.

and freelancers work. The companies that come to this type of building have usually left the periphery (for instance, Brain Park or business parks in the region) and are deliberately choosing the city centre. Reasons are that most employees already live in the city, there is also a desire for conviviality at lunch and after work, as well as good accessibility by public transport. The car plays a much less important role here. In fact, some companies do not even have parking spaces at 'their' offices. For the self-employed, this is true in the extreme. They live in Rotterdam, walk and cycle to almost all destinations and are not interested in an office where they are obliged to buy a parking space as well. Important for the new generation of office users is that there are opportunities for good, easy ways to walk and cycle through the city centre, that the office environment should also be attractive and that there are places for planned or chance encounters. And here, too, shared use of facilities has become a guiding principle: ranging from sharing a canteen or coffee bar to printers and shared bicycles, and sometimes a shared car – if needed now and then.

veel programma heeft als een normale stad, maar wel met ongeveer dezelfde getallen als het gaat om bebouwd gebied versus onbebouwd gebied. Deze ruimte zie je terug bij de brede(re) trottoirs in de stadsstraten, maar vooral bij de boulevards in de binnenstad, die veel ruimte beslaan. Met 15 kilometer boulevard in de binnenstad met een gemiddelde breedte van ongeveer 70 tot 100 meter ligt hier eigenlijk voor bijna 300 voetbalvelden (!) aan ruimte. Dit is overigens ongeveer zoveel ruimte als het hele Kralingse Bos bij elkaar. De luxe om te bouwen wat je wilt is er niet meer in de binnenstad. Er zijn geen braakliggende terreinen waar nieuwbouw op komt, de verdichting in de binnenstad vindt vooral plaats óp bestaande gebouwen of na sloop van bestaande gebouwen. De eerdergenoemde studie 'Rotterdammers maken stad' laat duidelijk zien dat er andere mogelijke bouwvormen zijn die bijdragen aan de doelstelling van verdichting, zoals drijvend bouwen, optoppen en vullen van kleine kavels die nog wel braak liggen, maar dat het overgrote deel van de woningen in deze studie

gehaald worden met hoogbouw. Hiermee wordt ook gelogen-

De Binnenrotte, een 270 meter lange multifunctionele publieke ruimte in de binnenstad boven de spoortunnel. The Binnenrotte, a 270-metre-long multifunctional public space in the city centre above the railway tunnel.

Usefulness and necessity of high-rise

The post-war reconstruction plan for the city centre envisaged a grid of boulevards within which there were several quarters, each with its own identity. Building blocks in these quarters were more or less fixed and were no longer as large with internal courtyards, like those familiar from other historical cities, but much smaller, taller and sometimes with service roads in between. In the modern plan Van Traa had drawn in his Basic Plan, the outdoor space that had previously been part of the building block was added to the public space. This created an inner city with twice as much programme as a normal city, but with roughly the same numbers when it comes to built-up area versus unbuilt-up area. This space is reflected in the wide pavements in the city streets, but especially in the boulevards in the centre, which take up a lot of space. With 15 kilometres of city-centre boulevards with an average width of about 70 to 100 metres, there is actually close to 300 football pitches(!) of space here. Incidentally, taken together this is about as much space as the entire Kralingse Bos. The

straft dat er met andere gebouwen en typologieën automatisch dezelfde dichtheden worden behaald. Dit argument wordt vaak gebruikt om toch vooral tegen
hoogbouw te zijn, omdat het ook anders kan en er andere voordelen te behalen
zijn door de dichtheid toch met lagere bouw te bereiken. Tot op zekere hoogte
klopt dit, maar context is wel de grote scherprechter. Voor de bebouwing van
een braakliggend terrein tot een hoogstedelijk gebied kan worden gekozen voor
een dichter bebouwd gebied met middelhoge gebouwen. Hiermee zijn ook dezelfde aantallen woningen of vierkante meters haalbaar als bij hoogbouw. Maar
in een binnenstad als die van Rotterdam, met kleine(re) bouwblokken die middelhoog zijn, waar geen braakliggende plekken meer zijn om te bebouwen, is
de hoogte eigenlijk de enige manier om meer mensen in de binnenstad te laten
wonen en werken. [Meta Berghauer en Per Haupt, 'The relation between urban form and density',
TU Delft (Faculteit Bouwkunde), 2007]. Het creëren van een aantrekkelijke stad waar
je wilt verblijven en waar je wordt vermaakt, start bij de voorwaarde van een
zekere stedelijke bevolkingsdichtheid, een veelzijdigheid aan voorzieningen en
een aantrekkelijke buitenruimte.
Nadenken over verdichting met
hoogbouw betekent vanzelfsprekend meer groen, zorgen voor een
goede begane grond, waardoor het

**Nieuwbouw appartementsgebouwen aan de
Westewagenstraat in het stadscentrum.**
New-build apartment buildings on
Westewagenstraat in the city centre.

luxury of building what you want is
no longer an option in the city centre.
There are no vacant plots on which to
build new buildings, while in the centre
densification mainly takes place on
top of existing buildings or after the
demolition of existing buildings. The aforementioned study 'Rotterdammers make
city' clearly shows that there are other possible building forms that contribute to the
objective of densification, such as floating construction, adding one or more layers to
a building and filling small plots of land that are still vacant, but that the vast majority
of housing in this study is achieved with high-rise. This also belies the idea that other
buildings and typologies automatically achieve the same densities. This argument is
often used to oppose high-rise in particular, because things could be done differently
and there are other benefits to be gained by achieving density with lower construction, after all. To some extent this is true, but context is the great deciding factor. For
the development of a disused site into a metropolitan area, the choice could be made
for a denser built-up area with medium-rise. This would also make the same numbers
of dwellings or square metres feasible as for high-rise. But in an inner city like
Rotterdam's, with smaller building blocks that are medium-rise and where there are

aangenaam is om langs gevels door straten te lopen. Waarbij de eerste generatie hoogbouw vooral de focus had op hoogte, het maken van een skyline en de koppeling met het ov, was vanaf 2010 vooral een periode waarbij het vertrekpunt de 'groundscraper' was. Hoe landt een toren nu eigenlijk op straat en hoe kan het ontwerp voor de gebouwplint zo aantrekkelijk mogelijk worden gemaakt. Uiteindelijk zijn er regels gekomen die niet zozeer de architectuur beïnvloeden, maar wel de vorm van een toren, dat er maximale hoogtes zijn geïntroduceerd en dat er nadrukkelijker wordt gekeken hoe de 'machine' van hoogbouw zo kan worden ontworpen dat die wél bijdraagt aan een aantrekkelijk straatbeeld.

De 15 kilometer boulevards die Van Traa bedacht voor de binnenstad, vormen ook een groot aaneengesloten netwerk van publieke ruimte. In de toelichting op het Basisplan schreef Van Traa: 'de boulevards moeten voorzien in de noden van nu en morgen' en 'de boulevards zijn er voor de oneindige groei der mobiliteit'. Met aanzienlijk meer mensen die in de binnenstad wonen en werken dan Van Traa had voorzien, is er wellicht een andere inrichting weggelegd voor de 15 kilometer boulevards dan de bestaande uit het wederopbouwplan. Bijna 80% van deze ruimte is nu voor gemotoriseerd vervoer (en

Jaap Bakema: Architectuur als uitdrukking van menselijke gedragingen. Jaap Bakema: Architecture as an expression of human behaviour.

no more vacant plots to build on, height is really the only way to get more people to live and work in the city centre. [Meta Berghauer and Per Haupt, 'The relation between urban form and density', TU Delft (Faculty of Architecture and the Built Environment), 2007]. Creating an attractive city where people want to linger and where they are entertained starts with the prerequisite of a certain urban population density, a variety of amenities and attractive outdoor space. Thinking about densification with high-rise self-evidently means more greenery, ensuring a good ground floor, which makes it a pleasant experience to walk through the streets past façades. Whereas the first generation of high-rises focused mainly on height, creating a skyline and linking with public transport, from 2010 onwards the starting point was mainly the 'groundscraper'. How does a tower actually land on the street and how can the design for the building plinth be made as attractive as possible? In the end, rules were introduced that do not affect architecture so much as the shape of a tower, maximum heights were introduced and more explicit consideration was given to how the 'machine' of high-rise buildings can be designed in such a way that they do contribute to an attractive streetscape.

bijna 100% verhard). Er zijn nu meer voetgangers en fietsers. Daarnaast zijn al die auto's niet bevorderlijk voor een gezonde en klimaatrobuuste binnenstad. Langs Van Traas boulevards wordt in het onderzoek 'Rotterdammers maken stad' de vergroening voorzien voor een duurzame en gezonde binnenstad. De eerste plannen hiervoor zijn inmiddels gerealiseerd. Na de inrichting van de Coolsingel als groene boulevard, volgt op korte termijn de transformatie van het Hofplein en de Westblaak in groene plekken, waar naast verplaatsen ook het verblijven een belangrijke rol zal spelen. En met ruimte voor fietsers en voetgangers blijven de uitgangspunten van het Basisplan toch nog actueel. En geven een nieuwe invulling aan de mobiliteitstransitie die zich al sinds een aantal jaren voltrekt in de binnenstad.

De lengte van de Terraced Tower neemt naar boven toe af van 100 tot 35 meter terwijl de breedte toeneemt van twintig tot dertig meter. Omdat de bouwlocatie geen ruimte rondom bood is eerst een betonnen frame binnen de contouren van het bouwkavel gebouwd die plaats bood aan een kraan waarmee machines en materialen aan- en afgevoerd konden worden. In de plint van de woontoren zijn bedrijven en horeca gevestigd.

The length of the Terraced Tower decreases upwards from 100 to 35 metres while the width increases from 20 to 30 metres. Because the construction site offered no space around it, a concrete frame was first built within the contours of the building plot to accommodate a crane with which machines and materials could be brought in and out. Businesses and hospitality are located in the plinth of the residential tower.

The 15 kilometres of boulevards that Van Traa conceived for the city centre also form a large continuous network of public space. In the explanatory notes to the Basic Plan, Van Traa wrote: 'The boulevards must meet the needs of today and tomorrow' and 'the boulevards are there for the infinite growth of mobility'. With considerably more people living and working in the city centre than Van Traa had envisaged, the 15 kilometres of boulevards could be arranged differently from the existing ones from the post-war reconstruction plan. Almost 80% of this space is now for motorized transport (and almost 100% is hard paved). There are now more pedestrians and cyclists. Besides, all those cars are not conducive to a healthy and climate-robust city centre. Along Van Traa's boulevards, the study 'Rotterdammers make city' envisaged greening for a sustainable and healthy inner city. The first plans for this have now been realized. After the design of the Coolsingel as a green boulevard, the transformation of Hofplein and Westblaak into green spaces will follow shortly, where not only moving but also lingering will play an important role. And with space for cyclists and pedestrians, the principles of the Basic Plan still hold true, and redefine the mobility transition that has been taking place in the city centre for several years.

TERRACED TOWER | 2021 | Boompjes | Architect | Architect: OZ Architect | Woontoren met 40.000m² programma, 344 woningen en een hoogte van 110 meter, 212 parkeerplekken en 688 fietsparkeerplekken. - Residential tower with 40,000 m² programme, 344 homes and 110 metres in height, 212 parking spaces and 688 bicycle parking spaces.

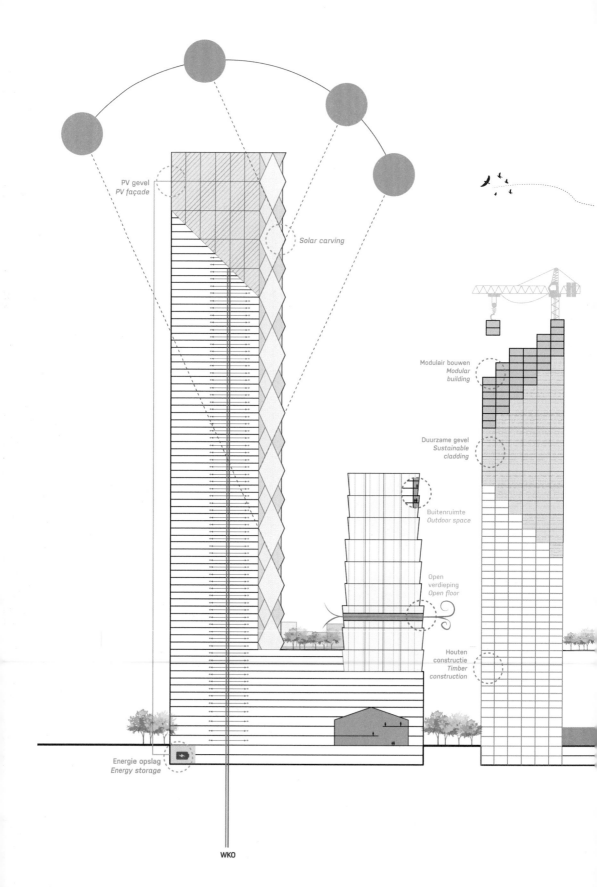

PV gevel
PV façade

Solar carving

Modulair bouwen
Modular building

Duurzame gevel
Sustainable cladding

Buitenruimte
Outdoor space

Open verdieping
Open floor

Houten constructie
Timber construction

Energie opslag
Energy storage

WKO

Duurzaamheidsprincipes voor de toekomstige hoogbouw aan de Rijnhaven.
Sustainable principles for the future high-rise at the Rijnhaven.

- Energie / energy
- Wind
- Materiaal / materials
- Water
- Biodiversiteit / biodiversity
- Inclusiviteit / inclusion
- Logistiek / logistics

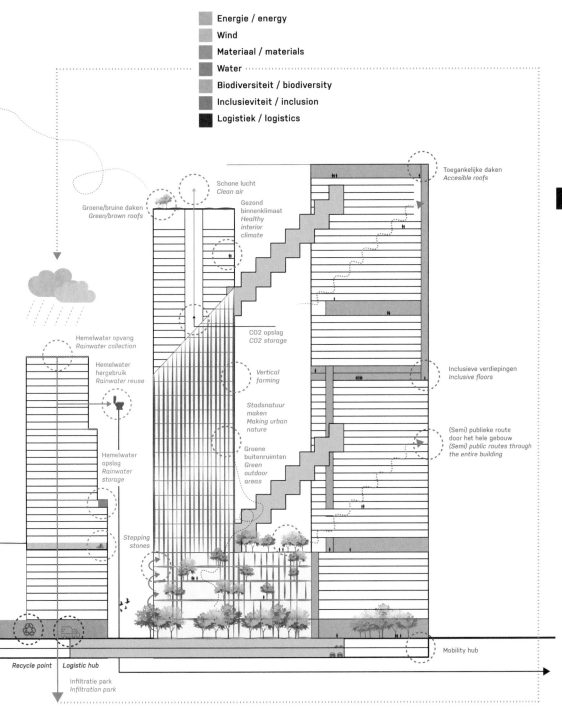

Schone lucht
Clean air

Groene/bruine daken
Green/brown roofs

Gezond binnenklimaat
Healthy interior climate

Toegankelijke daken
Accesible roofs

Hemelwater opvang
Rainwater collection

CO2 opslag
CO2 storage

Hemelwater hergebruik
Rainwater reuse

Vertical farming

Inclusieve verdiepingen
Inclusive floors

*Stadsnatuur maken
Making urban nature*

Hemelwater opslag
Rainwater storage

Groene buitenruimten
Green outdoor areas

(Semi) publieke route door het hele gebouw
(Semi) public routes through the entire building

Stepping stones

Recycle point | Logistic hub

Mobility hub

Infiltratie park
Infiltration park

DE ROL VAN DE ARCHITECT IN HOOGBOUW-ONTWERP THE ROLE OF THE ARCHITECT IN HIGH-RISE DESIGN

Met The Muse en Casanova heeft Barcode Architects recent twee uitgesproken nieuwe torens aan het Rotterdamse Maritiem District toegevoegd. Een mooie aanleiding om in gesprek te gaan met Caro van de Venne, partner bij het architectenbureau, om meer te weten te komen over de rol van de architect in het realiseren van hoogbouw.

Voordat het over hoogbouw gaat, licht Van de Venne eerst toe wat volgens haar in het algemeen de belangrijke rol van een architect is: 'Wij vertalen de wens van een opdrachtgever in een gebouw. Ik denk dat een goede architect bij de aanvang van dat proces de opdrachtgever bevraagt om er achter te komen waar die wens vandaan komt. Met die kennis kan je daar maatschappelijke wensen aan toevoegen, bijvoorbeeld om de stedelijke ruimte aangenamer te maken en samen bij te dragen aan een stuk stad dat je wilt nalaten aan volgende generaties. De eerstvolgende stap is dan om dat weer aan het ontwerpteam uit te leggen, zodat het team heel goed weet wat het gebouw moet gaan doen. Als zij het doel goed begrijpen, kunnen ze beter op zoek naar integrale antwoorden.'

Interdisciplinair team

Als het schetsen begint, schuift er al snel

With The Muse and Casanova, Barcode Architects has recently added two distinctive new towers to Rotterdam's Maritime District. A great reason to talk to Caro van de Venne, former partner at Barcode and founder of architectural firm NUDUS, to find out more about the role of the architect in realizing high-rise.

Before talking about high-rise, Van de Venne first explains in general terms what she believes the important role of an architect is: 'We translate a client's wish into a building. I think that a good architect questions the client at the start of the process to find out where that wish comes from. With that knowledge, you can add social wishes, for example to make the urban space more pleasant and contribute together to a piece of city you want to leave to future generations. The next step is to explain that again to the design team, so that the team knows very well what the building is intended to do. If they have a good understanding of the purpose, it helps them to look for integral answers.'

Interdisciplinary team

When sketching begins, a large team soon joins the table, explains Van de Venne. 'The structural engineer, the building services engineer, the fire-safety

een groot team aan tafel, legt Van de Venne uit: 'De constructeur, de installatie-adviseur, de brandveiligheidsexpert, iemand die iets zegt over de akoestiek. En in de huidige teams komen daar steeds meer andere disciplines bij, bijvoorbeeld als het gaat om duurzaamheid, biodiversiteit, flexibiliteit, circulair bouwen en energiezuinig bouwen.' Omdat de impact van hoogbouw op de stedelijke omgeving groot is, wordt dat aspect extra goed bestudeerd in een ontwerpproces. 'Dat zit in de effecten van de zon, de schaduw en de wind. We zien dat we steeds meer impactstudies doen op hittestress, klimaatadaptatie, maar ook geluid. De inpassing in bewegingen in de stad is erg belangrijk, dus schuift er ook een adviseur op mobiliteit aan.' En tot slot: 'Er schuift altijd een kostenadviseur aan. Uiteindelijk heb je een pot geld waar je iets heel goeds mee wil maken. Het zou jammer zijn als je al die energie investeert in iets dat niet te betalen is. Dus dat moet je monitoren.'

Van schets naar bouwpakket

Een flink team dus, waarvan de architect de regisseur is. 'De architect is degene die de verschillende randvoorwaarden samenbrengt in het ontwerp. De constructeur gaat bijvoorbeeld komen met: 'dit en dat kan ik schetsen, maar dan moet het wel zus of zo'. En de installatieadviseur komt met een vergelijkbare kwestie. Als architect ga je dan proberen om zulke op- en aanmerkingen op de beste manier in het ontwerp te integreren.' Op het moment dat de uitgangspunten helder zijn en er een schets is, komt de aannemer bij het team om met de bouwbaarheid aan de slag te gaan. Vanaf dat moment wordt er ook met BIM gewerkt: Bouwwerk Informatie Modellen. Dat zijn digitale

expert, someone who can say something about acoustics. And in today's teams, an increasing number of other disciplines are being added, for example when it comes to sustainability, biodiversity, flexibility, circular building and energy-efficient construction.' Since the impact of high-rise on the urban environment is significant, that aspect is studied extra carefully in a design process. 'This concerns the effects of the sun, shadow and wind. We are seeing more and more impact studies being carried out on heat stress and climate adaptation, but also on noise. Integration into movements in the city is very important, so an adviser on mobility also joins us.' And finally: 'There is always a cost consultant at the table. At the end of the day, you have a pot of money that you want to use to make something really good. It would be a shame if you invested all that energy in something that is not affordable. So you have to monitor that aspect.'

From sketch to construction package

So it's quite a team, where the architect is the director. 'The architect is the one who brings the different preconditions together in the design. For example, the structural engineer might come up with something like "this and that I can sketch, but it has to be this way or that way". And the building services engineer comes up with a similar issue. As an architect, you then start trying to integrate these comments into the design in the best way possible.' The moment the principles are clear and there is a sketch, the contractor joins the team to work on the construction. From then on, BIM is also used: Building Information Modeling. These are digital models that give a virtual representation of the building,

modellen die een virtuele weergave van het gebouw vormen, waarin het ontwerp gekoppeld wordt aan gedetailleerde informatie over de eigenschappen ervan. 'Of je dat nu schetst in de computer in 3D of op een ouderwetse tekening, het komt er op neer dat je een ontwerp vertaalt naar een pakket, op basis waarvan gebouwd kan worden en contracten gesloten kunnen worden.'

Hoog en veilig

Regelgeving en andere omstandigheden zorgen ervoor dat ontwerpen voor gebouwen van 70 meter en hoger een stuk complexer wordt voor de architect. Brandveiligheid is daarin een belangrijke factor: 'In Nederland hebben we vaste regelgeving voor hoe je een trappenhuis brandveilig moet ontwerpen – tot 70 meter. Werk je hoger, dan ga je met de brandexperts van de stad om tafel om op maat te kijken: hoe maken we een veilig gebouw.'
Het bouwproces zelf wordt ook complexer, hoe hoger je bouwt. 'In Nederland bouwen we veel met tunnels, een techniek waarbij vloeren en wanden aan elkaar gestort worden. Als die klaar zijn wordt de tunnel eruit getrokken en begin je aan de nieuwe. Als je dat op 100 meter hoogte moet doen, heb je in Rotterdam veel onwerkbare dagen vanwege de wind. Bouwkranen mogen eigenlijk niet draaien over gebieden waar mensen lopen. Maar bij een hogere toren heeft die kraan vaak juist en grotere arm. De bouwplaats is überhaupt groter. Je bouwt meestal geen 100 meter hoog in de wei, maar juist in een gebied dat al heel stedelijk en vol is.'

Voor de toekomst van haar vakgebied ten opzichte van hoogbouw, is Van de Venne nieuwsgierig naar de impact van CO_2-wet-

linking the design to detailed information about its properties. 'Whether you sketch that in the computer in 3D or on an old-fashioned drawing, what it comes down to is translating a design to a package, on the basis of which construction can take place and contracts can be established.'

High and safe

Regulations and other circumstances mean that designing for buildings 70 metres and taller becomes considerably more complex for the architect. Fire safety is an important factor in this process: 'In the Netherlands, we have fixed regulations for how you design a stairwell to be fire-safe – up to 70 metres. If you work above that height, you sit down with the city's fire experts to look at how we can make the specific building safe.'
The construction process itself also becomes more complex the higher you build. 'In the Netherlands, we build a lot with tunnels, a technique where concrete floors and walls are poured together. When those are ready, the tunnel is pulled out and you start on the new one. If you have to do that at 100 metres, you have many days in Rotterdam when it's impossible to work because of the wind. Construction cranes are actually not allowed to turn above areas where people walk. But the crane used for a higher tower often has an even longer boom. The construction site is certainly larger. You don't usually build 100 metres high in a field, but instead in an area that is already very urban and crowded.'

For the future of her field with regard to high-rise, Van de Venne is curious about the impact of CO_2 legislation. 'I wonder whether I will have a better

geving. 'Ik ben benieuwd of ik over tien jaar meer inzicht heb in CO_2-verantwoord ontwerpen en bouwen. Nu zeggen de getallen mij – en met mij denk ik de hele vakgroep – nog niet zo veel.' Een ander complex vraagstuk is sociale ongelijkheid. 'Dat speelt juist bij hoogbouw, want het heeft impact op een grote groep mensen. We kunnen niet ontkennen dat in een toren, met name bovenin, altijd woningen in het duurdere segment zitten. Hoe verenig je dat met de wens om geen ivoren

understanding of CO_2-responsible design and construction in 10 years' time. At the moment, the numbers don't tell me very much yet – and not just me, the whole profession I think.' Another complex issue is social inequality. 'This is a particular issue with high-rise, because it impacts a large group of people. We cannot deny that in a tower, especially at the top, there are always homes in the more expensive segment. How do you reconcile that with the desire to

torens te bouwen? Hoe gaan we daar mee om en hoe zorgen we dat de steden voor iedereen aangenaam blijven?' In deze discussie zijn bereikbaarheid en toegankelijkheid belangrijke waarden voor Van de Venne. 'Het lijkt mij zo mooi, als je als stad kunt waarborgen dat iedereen binnen een half uur aan het strand kan zijn, of in een mooi park, of op school, of bij een baan. Het is een kwaliteit van leven die voor iedereen aanwezig moet zijn.'

avoid building ivory towers? How do we deal with it and ensure that cities remain pleasant for everyone?' In this discussion, proximity and accessibility are important values for Van de Venne. 'It strikes me as really great, if as a city you can ensure that everyone can be at the beach, or in an attractive park, or at school, or at their job within half an hour. It's a quality of life that should be there for everyone.'

naar een nieuwe hoogbouw typologie

towards a new high-rise typology

Robuuste hoogbouw

'Rotterdams politieteam moet "hoogbouwmisdaad" bestrijden' kopte de NOS in 2016. Het webartikel kondigt de komst aan van een speciaal politieteam voor de bestrijding van criminele praktijken in woontorens. Criminelen gebruiken steeds vaker hoogbouwappartementen om ongestoord en onopvallend een illegale handel te runnen. Het gaat hierbij niet alleen om hennepkwekerijen, maar ook om stashes: de opslag van en handel in wapens, geld en harddrugs. Zo maakte het *AD* in 2018 melding van een grote drugsvangst in een woontoren. De website rijnmond.nl meldde dat politie en justitie de strijd aan gaan tegen spookbewoning: 'In Rotterdam verblijven vermoedelijk honderden criminelen via verhuurbemiddelingsbedrijven anoniem in appartementen, die ze vaak ook gebruiken voor de opslag van drugs, wapens en grote hoeveelheden geld.'

Maar niet alleen ondermijning is een mogelijk probleem van hoogbouw, ook eenzaamheid komt voor. In *Het Parool* vertelde architect Jan Hoogstad in 2002 over het wonen in hoogbouw: 'Het is op zich geen slecht gebouw, maar ik heb daar in grote anonimiteit gewoond en dat heb ik als niet prettig ervaren.' Ook Richard Sennett, socioloog en schrijver, zegt in een interview in *NRC Handelsblad* in 2019 dat hoogbouw leidt tot isolatie van bewoners. 'Torens zijn saai, niet duurzaam en ze vormen geen fijne buurt waar zich een *community*

Robust high-rise

'Rotterdam police team must fight "high-rise crime"' was an NOS headline in 2016. The web article announced the arrival of a special police team to combat criminal practices in residential towers. Criminals are increasingly using high-rise apartments to run illegal trade undisturbed and in an unobtrusive way. This does not only include growing cannabis, but also stashes: the storage and trafficking of weapons, cash and hard drugs. For example, the *AD* newspaper reported a large drug bust in a residential tower in 2018. The website rijnmond.nl reported that police and the judiciary are cracking down on ghost housing: 'In Rotterdam, hundreds of criminals are believed to be staying anonymously in apartments through rental agencies, which they often also use to store drugs, weapons and large amounts of money.'

But subversive crime is not the only potential problem in high-rise; loneliness also occurs. In *Het Parool* newspaper, architect Jan Hoogstad wrote in 2002 about living in a high-rise: 'It is not a bad building in itself, but I lived there in great anonymity and that was something I did not enjoy.' Sociologist and author Richard Sennett also said in an interview in NRC Handelsblad newspaper in 2019 that high-rise leads to the isolation of residents. 'Towers are boring, unsustainable and they are not a fine neighbourhood where a community can form.' He considers 20 to 30-storey buildings with a lift in the middle and closed façades with air conditioning to be a 20th-century typology.

kan vormen.' Hij kwalificeert de wolkenkrabber van twintig tot dertig lagen hoog met een lift in het midden en dichte gevels met airconditioning als een typologie uit de twintigste eeuw. [Bernard Hulsman, 'Waarom wil Amsterdam wolkenkrabbers bouwen? Dat is echt iets van de 20ste eeuw', NRC Handelsblad, 10 januari 2019]. Charles Montgomery schreef in zijn boek *Happy Cities* dat mensen die in hoogbouw wonen niet de sociale voordelen halen van nabijheid, maar in feite geïsoleerd zijn van anderen door lange gangen en liften. Daarnaast speelt ook de betaalbaarheid een rol. Voor wie zijn al die nieuwe woningen eigenlijk in al die torens? En waarom bouwen we torens als ze duurder zijn dan lagere gebouwen? Ook hier zijn het niet de minsten die met kritiek op alle nieuwe torens komen. Zo betoogt voormalig hoogleraar gebiedsontwikkeling Friso de Zeeuw in *NRC Handelsblad* in 2018 dat het positieve beeld van hoogbouw vooral op drijfzand berust. [Friso de Zeeuw, 'Opinie: Vooral nadelen bij hoogbouw', NRC Handelsblad, 9 november 2018]. Op de slappe bodems in Nederland vergt dit een kostbare fundering, extra veiligheidseisen, complexe bouwtechniek en installaties waardoor de bouwkosten bijna het dubbele zijn als die van laagbouw. Het onderhoud van trappenhallen, liften, sprinklers en glazen

Nieuwbouwwijk Little C aan de Coolhaven met 330 appartementen en bedrijfsruimtes in 15 woontorens. New-build district Little C on the Coolhaven with 330 apartments and commercial spaces in 15 residential towers.

Charles Montgomery wrote in his book *Happy Cities* that people living in high-rise buildings do not enjoy the social benefits of proximity, but are in fact isolated from others by long corridors and lifts. In addition, affordability also plays a role. Who are all those new homes in all those towers actually for? And why do we build towers if they are more expensive than lower buildings? Again, it is not just anyone expressing criticism of all the new towers. For example, former professor of area development Friso de Zeeuw argued in *NRC Handelsblad* in 2018 that the positive image of high-rise is mostly baseless. [Friso de Zeeuw, 'Vooral nadelen bij hoogbouw (Mainly disadvantages in high-rise)', NRC Handelsblad, 9 November 2018]. On the soft ground in the Netherlands, it requires costly foundations, additional safety requirements, complex structural engineering and installations, which makes construction costs almost double those of low-rise. Maintaining stairwells, lifts, sprinklers and glass façades leads to disproportionately high fixed costs. In addition, high-rise buildings are rarely suitable for children and the elderly because the distance from the street is too great, as is the lack of community spirit. He does argue that selective

gevels leidt tot buitenproportionele vaste lasten. Daarnaast is hoogbouw zelden geschikt voor kinderen en ouderen, doordat de afstand tot de straat te groot is, evenals het gemis aan buurtgevoel. Wel stelt hij dat selectieve toepassing van hoogbouw op centrumlocaties en/of ov-knooppunten een verrijking voor de stad kan betekenen. Met het nadenken over hoe er met hoogbouw niet alleen een skyline, maar ook een goede stad op ooghoogte kan worden gemaakt, is een flinke sprong gemaakt de afgelopen jaren. Het voorzien in levendigheid op straatniveau is inmiddels onderdeel van elke hoogbouwontwikkeling in Rotterdam. Wel zijn er nieuwe vragen bij gekomen.

Ondergrond als een puzzel

Rotterdam is een spons. De ligging in een estuarium aan zee heeft ervoor gezorgd dat er niet zoiets is als een stenige bodem, of dat er veel zand in de bodem zit – de condities die nodig zijn om een stevige fundering te maken. De bodem in Rotter-

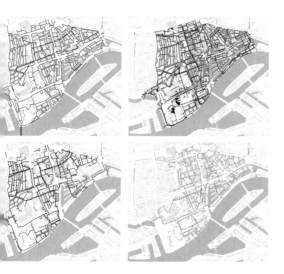

dam bestaat uit een opbouw van klei en veen, waarin op verschillende dieptes zandlagen zitten. Deze zandlagen worden sinds de tijd dat we houten palen slaan gebruikt om gebouwen te voorzien van een stevige fundering. De eerste zandlaag, waarin bijna alle gebouwpalen staan, ligt op ongeveer 15 tot 20 meter diepte. Met het toevoegen van

Kaarten ondergrondse infrastructuur Rotterdam. LB = drinkwater, RB = gas, LO = riool, RO = stadsverwarming. Maps underground infrastructure Rotterdam. LB = drinking water, RB = gas, LO = sewer, RO = district heating.

use of high-rise in city-centre locations and/or public-transport nodes can enrich the city.
[Bernard Hulsman, 'Why does Amsterdam want to build skyscrapers? That is really a 20th-century phenomenon', NRC Handelsblad, 10 January 2019].

Thinking about how to use high-rise to create not just a skyline, but also a good city at eye level, has taken a major leap in recent years. Providing liveliness at street level is now part of every high-rise development in Rotterdam. However, new questions have emerged.

Underground as a puzzle

Rotterdam is a sponge. Its location in an estuary by the sea has meant that there is no stony ground, or a lot of sand in the soil – the conditions needed to make a solid foundation. The soil in Rotterdam consists of a build-up of clay and peat, which contains sand layers at various depths. These layers of sand have been used since the time we built on wooden piles to provide buildings with solid foundations. The first layer of sand, in which almost all building piles are located, lies at a depth of about 15 to 20 metres. With the addition of a tall building among existing lower buildings, something happens that

een hoog gebouw tussen bestaande lagere gebouwen gebeurt er iets waar je niet direct aan zou denken. De zandlaag wordt belast met (te) veel gewicht, doordat het gebouw nu eenmaal hoog is en dus veel weegt. Er is een kans dat de zandlaag op deze plek wordt 'ingedeukt', doordat de lagen eronder zachter zijn. De palen van de direct omliggende gebouwen 'deuken' mee met het nieuwe gebouw en zorgen voor verzakkingen en scheuren. Zo had het Witte Huis meer dan duizend houten palen, die allemaal naar de eerste zandlaag gingen en hierdoor zorgden dat de grond met een meter omhoogkwam en het huis ernaast uiteindelijk instortte. Voor hoogbouw is dan ook nu normaal dat de druk wordt verdeeld over meerdere zand-lagen. Sommige heipalen in Rotterdam onder hoogbouw zijn wel meer dan 100 meter diep! En wat het nog moeilijker maakt: niet overal zijn de zandlagen even dik. Om een voorbeeld te geven: de 163 palen voor de Zalmhaventoren (215 meter) zitten op een diepte van 66 meter, bijna een kwart van de lengte van het gebouw bevindt zich dus onder de grond. Als je alle heipalen op elkaar zou zetten, kom je op meer dan 10 kilometer hoogte uit – en dan zijn dit alleen nog maar heipalen voor de toren, niet de rest van het gebouw. Je hebt er dus ook veel nodig. Voor de bouw van toren New Orleans zijn bijvoorbeeld vierhonderd heipalen gebruikt en voor Delftse Poort (voormalig Nationale Nederlanden) zelfs bijna duizend. De draagkracht van de bodem blijft een continue uitdaging bij het maken van

De Zalmhaventoren is het hoogste gebouw van Nederland en onderdeel van een complex van drie torens met in totaal 485 woningen. Vanwege de bouwlocatie binnen een dichtbevolkte wijk en de bouwveiligheid is gekozen voor een geprefabriceerde constructie. De Zalmhaven is de hoogste prefab-toren ter wereld. In de top bevindt zich een publiek toegankelijk restaurant, bar en uitzichtpunt dat dankzij de nieuwste liftsystemen geen gescheiden liftinstallatie nodig heeft.

The Zalmhaventoren is the tallest building in the Netherlands and part of a complex of three towers with a total of 485 homes. Because of the construction location within a densely populated neighbourhood and building safety, prefabricated construction was chosen. The Zalmhaven is the highest prefab tower in the world. At the top there is a publicly accessible restaurant, bar and viewpoint that does not require a separate lift, thanks to the latest lift systems.

you would not immediately think of. The sand layer is subjected to a significant amount or too much weight, because the building is high and therefore very heavy. There is a chance that the sand layer will be 'dented' at this spot, as the layers below are softer. The piles of the immediately surrounding buildings 'dent' along with the new building, causing subsidence and cracks. For example, the Witte Huis had more than a thousand wooden piles, all of which went down to the first layer of sand, causing the ground to rise by a metre and eventually causing the house next door to collapse. Therefore, for high-rise, it is now normal for the pressure to be distributed over several sand layers. Some piles in Rotterdam under high-rise buildings are more than 100 metres deep! And what makes it even more difficult is that sand layers are not equally thick everywhere. To give an example, the 163 piles for the Zalmhaventoren (215 metres) sit at a depth of 66 metres, which means that almost a quarter of the length of the building is underground. If you were to stack all the piles on top of each other, you would end up with more than 10 kilometres in height – and these are just piles for the tower, not the rest of the building. So you need a lot of them. For the construction of the New Orleans

hoogbouw. Zo is de Maashaventoren met zijn 167 meter hoger dan New Orleans van 150 meter, maar de gevel van New Orleans bestaat uit natuursteen en die van de Maastoren voornamelijk uit glas en staal. Natuursteen heeft als voordeel dat het bijna onderhoudsvrij is op langere termijn, wat weer enorm scheelt als er over dertig tot vijftig jaar een grootschalige renovatie aan een gebouw nodig is. Maar natuursteen is ook zwaar, zeker als je bedenkt dat de natuurstenen platen hoger aan de torengevel (veel) dikker worden vanwege de windbelasting op de gevel. Hiermee werd het gebouw wellicht te zwaar. Door twee verschillende bureaus is doorgerekend of de bodem wel genoeg draagkracht had om het gebouw neer te zetten. Uiteindelijk kwam het erop neer dat het nét kon. De kennis om gebouwen op de slappe grond te zetten, is vanaf de bouw van de Medische Faculteit verder ontwikkeld. Overigens waren er voor dat gebouw 2.200 heipalen nodig. Het gebouw is uiteindelijk 13 centimeter gezakt (een zetting geheel volgens berekeningen). Ook dit zie je vandaag de dag nog terug. Voor de bouw van De Rotterdam op de Wilhelminapier, een gebouw dat bestaat uit drie torens van 150 meter. Dit gebouw heeft een inhoud van meer dan 500.000 m³ inhoud en meer dan 160.000 m² oppervlakte en is hiermee het grootste gebouw van Nederland. Qua materialen is er ongeveer 70.000 m³ beton, ongeveer 12.000 ton wapeningsstaal

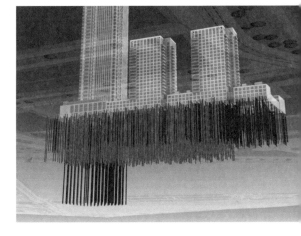

Oude heipalen van een gesloopt gebouw (geel) en de nieuwe heipalen (grijs) die tot 65 meter diep de Zalmhaven dragen. Old piles from a demolished building (yellow) and the new piles (grey) that support the Zalmhaven up to 65 metres deep.

tower, for example, 400 piles were used, and nearly 1000 for Delftse Poort (formerly Nationale Nederlanden).

The load-bearing capacity of the soil remains a continuous challenge when making high-rise. The Maashaventoren at 167 metres, for instance, is taller than New Orleans at 150 metres, but the façade of New Orleans is made of natural stone while that of the Maastoren is mainly glass and steel. Natural stone has the advantage of being almost maintenance-free in the longer term, which in turn makes a huge difference when a large-scale renovation to a building is needed in 30 to 50 years' time. But natural stone is also heavy, especially when you consider that the natural stone slabs higher up on the tower façade will be much thicker because of the wind load on the façade. This may have made the building too heavy. Calculations were made by two different firms as to whether the soil had enough load-bearing capacity to erect the building. In the end, it came down to it being possible, but only just. The knowledge involved in placing buildings on soft ground has continued to develop since the construction of the Medical Faculty. Incidentally, that building required 2,200 piles. The building ended up sinking 13

en zijn 1.100 heipalen nodig geweest. Opmerkelijk aan De Rotterdam is dat de toren volledig op de eerste zandlaag is gebouwd (op -24 NAP). Door het 'indeuken' van de zandlaag ontstonden er zettingsverschillen. Bouwsimulaties lieten zien dat er zettingsverschillen zaten van 6 tot 27 cm in het gebouw. Om dit op te lossen, werd een aantal kolommen in het gebouw tijdelijk niet belast door er een 'stukje' tussenuit te halen. Pas toen het gebouw af was en min of meer was 'gezet', zijn deze stukjes er weer ingezet en werken deze als een soort vijzel. De entree was vlak voor oplevering een opstapje en nu (geheel volgens plan) gelijkvloers. Op de 22e verdieping van De Rotterdam hebben de bouwen zo'n vijzel laten zitten om het verhaal te blijven zien. Om dit in perspectief te zetten: een zevende deel van het gebouw zit onder de grond.

Aan de hand van deze voorbeelden rijst wel de vraag of er ongestraft steeds hoger gebouwd kan worden gebouwd, gezien de kwaliteit van de ondergrond in Rotterdam. De bouwbodem is van slappe grond, en in die bodem gebeurt ook nog eens erg veel: metrobuizen en stations in de ondergrond, grote rioleringsbuizen

en stadsverwarming met een behoorlijke diameter, en ondergrondse waterstromen. Er kan veel, maar er moet wel nagedacht worden over al dit soort obstakels bij de start van een (hoogbouw)project. Zo is Delftse Poort gebouwd 'over' de bestaande ondergrondse metrolijn en dient het Gerechtsgebouw op de Kop van Zuid niet alleen als rechtbank, maar

Bij de bouw van De Rotterdam zijn er vijzels gebruikt om zettingsverschillen te overbruggen. During the construction of De Rotterdam, jacks were used to bridge settlement differences.

centimetres (a settlement entirely according to calculations). You can see this today as well. For instance, for the construction of De Rotterdam on the Wilhelminapier, a building consisting of three 150-metre towers. This building has a volume of more than 500,000 m³ and more than 160,000 m² surface area, making it the largest building in the Netherlands. In terms of materials, about 70,000 m³ of concrete, about 12,000 tonnes of steel reinforcement and 1,100 piles were needed. What is remarkable about De Rotterdam is that the tower is built entirely on the first layer of sand (at -24 NAP, Normal Amsterdam Water Level). The 'denting' of the sand layer created differential settlement. Building simulations showed that there were settlement differences of 6 to 27 cm in the building. To solve this, the load on a number of columns in the building was temporarily removed by taking out a 'piece' in the column. It was only when the building was finished and more or less 'settled' that these pieces were put back in, acting as a sort of jack. Just before completion, the entrance had a step up and now (entirely according to plan) it is level with the ground. On the 22nd floor of De Rotterdam, the builders have left one of these support jacks in place to keep the story visible. To put this in perspective, one-seventh of the building is underground.

ook als contragewicht om de metrobuis op zijn plek te houden vanwege opwaartse waterdruk. Met de nieuwste generatie hoogbouw is er hernieuwde aandacht voor de bodem. Er zijn inmiddels meerdere hoogbouwinitiatieven die rond en zelfs boven de 200 meter zijn. In sommige gevallen bevinden de eerste schetsen zich alweer in de prullenbak, omdat de ondergrond zo'n gebouw niet toelaat (of de aannemer het niet aandurfde).

Een goede scan van de ondergrond is essentieel om hoogbouw te maken. Hiermee worden hoogbouwinitiatieven voor de specifieke plek voorzien van extra informatie over de ondergrond en kan in een vroegtijdig stadium al rekening worden gehouden met de zaken die je wellicht niet ziet, maar wel grote invloed kunnen hebben op datgene wat je wel ziet.

De kosten voor een fundering onder een toren zijn hoger dan bij andere gebouwtypen, maar daar staat tegenover dat hoogbouw veel meer programma heeft om de kosten te delen. Bijna elk gebouw in Rotterdam staat op palen die naar de eerste zandlaag gaan. Voor hoogbouw moeten er alleen meer palen in en meestal dieper. Maar het gaat niet alleen om de funderingskosten bij hoogbouw. De totale investeringskosten worden medebepaald door aanvullende zaken zoals technische en veiligheidsinstallaties (denk aan sprinklersystemen en [water]drukinstalla-

Ruimtelijke weergave van grondkaarten op basis van data van gemeentewerken. Spatial representation of ground maps based on data from the department of public works.

Looking at these examples, the question does arise as to whether higher and higher buildings can be built with impunity, given the quality of the subsoil in Rotterdam. The building ground is soft, and there is plenty going on in it as well: underground metro tunnels and stations, large sewage pipes and district heating with a considerable diameter, and underground water flows. A great deal is possible, but all these types of obstacles need to be considered at the start of a high-rise project. For example, Delftse Poort was built 'over' the existing underground metro line and the Courthouse on Kop van Zuid serves not only as a court, but also as a counterweight to keep the metro tunnel in place due to upward water pressure. With the latest generation of high-rise, there is renewed focus on the soil. By now, there are several high-rise initiatives that are around and even above 200 metres. In some cases, the first sketches have already landed in the bin because the subsoil does not allow such a building (or the contractor did not dare).

A good subsurface scan is essential to create high-rise buildings. This provides high-rise initiatives for the specific site with additional subsurface information and allows for early consideration of things you may not see, but that can have a major impact on what you do see.

ties). Hoe hoger een toren, hoe meer faciliteiten en installaties en daardoor hogere investeringskosten. De investeringskosten van een gebouw van 150 meter zijn als vuistregel 50% hoger dan van een gebouw van 50 meter hoog. Daar staat tegenover dat er aan een toren van 150 meter hoog wel bijna 25.000 m² programma kan worden toegevoegd. De totale opbrengsten zijn hiermee navenant hoger en hiermee worden de investeringskosten gedeeld.

Maken van gemeenschappen

'Meer dan het bouwen van appartementen, creëren we buitengewone plekken met cultuur en gemeenschapszin. We brengen meer levendigheid in je leven. Elke URBY-gemeenschap is anders, maar delen allemaal onze visie op ontwerp, levendige sociale ruimtes en mensen die het tot een succes maken. Als het ontwerpen vanuit mensen en gemeenschap samenkomen wordt er een nieuwe manier van wonen in appartementen uitgevonden.' [www.urby.com]

Deze uitspraak van David Barry betreft het URBY-concept, (grotendeels) kleine

een- tot tweekamerwoningen met tal van gemeenschappelijk voorzieningen die de hele dag te gebruiken zijn. Het uitgangspunt van URBY is dat bewoners aangemoedigd worden om deel te nemen aan activiteiten in het

Urby creëert ruimtes om interactie te bevorderen en een gemeenschap te creëren. Urby creates spaces to foster interaction and create a community.

The costs of foundations under a tower are higher than for other building types, but on the other hand, high-rise buildings have much more programme to spread the cost. Almost every building in Rotterdam stands on piles going to the first layer of sand. High-rise just requires more piles to be driven and usually deeper. But it is not just about foundation costs in high-rise. Total investment costs are co-determined by additional items such as technical and safety installations (such as sprinkler systems and water-pressure systems). The higher a tower, the more facilities and installations are required and that makes the investment costs higher. As a rule of thumb, the investment costs of a 150-metre building are 50% higher than that of a 50-metre building. However, a 150-metre-high tower could add almost 25,000 m² of programme. The total revenues are correspondingly higher as a result and this will spread the investment costs.

Creating communities

'More than just building apartments, we create extraordinary places with community and culture. We bring more life to your life. Each Urby community is a little different, but they all share our inspired approach to design, lively social spaces, and incredible people

gebouw. Inmiddels is het van oorsprong New Yorkse URBY-concept in een aantal Amerikaanse steden uitgerold. De gebouwen zijn allemaal anders, het concept wordt ook in hoogbouw toegepast. Het URBY-concept draait om het smeden van een gemeenschap binnen de gebouwen. Dit voorbeeld uit Amerika laat zien dat als er anders wordt gekeken naar gebouwen, wellicht ook in Rotterdamse hoogbouw meer kan worden gedaan om gemeenschappen te smeden.

De eerder beschreven krantenberichten van rond 2016 lieten zien dat hoogbouw anoniem kan zijn en kan leiden tot ondermijning en eenzaamheid. In 2018 is er in Rotterdam een onderzoek gestart naar ondermijning en eenzaamheid in hoogbouw, als samenwerking van de gemeentelijke directie Veilig (verantwoordelijk voor de bestrijding van ondermijning), de politie (die precies wist op welke locaties het was misgegaan), en de afdelingen Wonen en de Stedenbouw van Stadsontwikkeling (beleidsmaker). Met bezoeken aan gebouwen en gesprekken met bewoners kwam er uiteindelijk meer duidelijkheid waar het mis was gegaan. Een deel van de wantoestanden is niet van fysieke aard, maar draait om malafide verhuur-bemiddelingsbedrijven die namens een klant een appartement huren. Via deze constructie is het bijna onmogelijk om te achterhalen wie er wonen. Gebouwen

155

De begane grond van de Baan Tower kent een hoogte van ca. 5,5 meter met daarin de lobby voor de woningen, een consulaat en commerciële ruimte inclusief horeca. De toren wordt over de Hoornbrekerstraat heen gebouwd waarmee een buitenruimte op de plint is ontstaan en het aantal appertementen kon worden uitgebreid. Het dakterras boven op de parkeergarage wordt beplant en verbonden met het dakterras van de parkeergarage van de naastgelegen CoolTower.

The ground floor of the Baan Tower has a height of approximately 5.5 metres and contains the lobby for the homes, a consulate and commercial space including hospitality. The tower will be built over the Hoornbrekerstraat, creating an outdoor space on the plinth and enabling the number of apartments to be expanded. There will be a green roof terrrace on top of the parking garage, connected to the roof terrace of the parking garage of the adjacent CoolTower.

who make it all come alive. When it all comes together, our human-scale design and our neighbourly values combine to create a new generation of apartment living.' [www.urby.com] This statement by David Barry concerns the URBY concept, mainly small studios or one-bedroom homes with many communal facilities that can be used throughout the day. URBY's guiding principle is to encourage residents to participate in activities in the building. By now, the URBY concept, which originated in New York, has been rolled out in a number of US cities. The buildings are all different and the concept is also applied in high-rise. The URBY concept is all about forging a community within the buildings. This model from America shows that if buildings are looked at differently, perhaps more can also be done in Rotterdam high-rise to forge communities.

The newspaper reports from around 2016 described earlier showed that high-rise buildings can be anonymous and lead to subversive crime and loneliness. In 2018, an investigation into subversive crime and loneliness in high-rise buildings was launched in Rotterdam, as a collaboration between the municipal Safe Directorate (responsible for combating subversive crime), the police (who knew exactly at which locations it had gone wrong), and the Housing and Urban Design departments at Urban Development (policy maker). With visits to buildings and conversations with residents, it eventually

die anoniem zijn (waar criminelen bijvoorbeeld midden in de nacht via de lift in de parkeergarage direct naar hun verdieping kan gaan en zo drugs of andere zaken snel en ongezien kunnen verplaatsen) hebben nadrukkelijk de voorkeur. Daarnaast werd er in de media gemeld dat 'honderden' criminelen op deze manier geholpen werden aan een woning. De meldingen die binnenkomen bij de politie kunnen op het eerste gezicht een beeld geven van gebouwen waar dit gebeurt. De omvang van het probleem is onbekend en het is uiteraard geen thema dat alleen bij hoogbouw speelt – of exclusief Rotterdams is.

In veel oudere torens bestaat de entree uit een kleine centrale hal met brievenbussen en een corridor met liften. Maar de entree van een gebouw kan juist meerdere functies hebben en dienen als centrale plek waarvan mensen op verschillende tijden per dag gebruikmaken. Een mooi voorbeeld van een gebouw met een centrale hal is het woongebouw Calypso aan de Westersingel. Hier kijkt de Bagels & Beans uit op de centrale hal en zijn de entrees van de kantoren in het lage deel zo ontworpen dat deze deels uitkijken op de centrale hal. Bewoners lopen via deze hal, waar de looproutes vrij zijn van obstakels, naar de gang met liften; brievenbussen zijn achterin geplaatst en er is een huismeester aanwezig in het gebouw. Het uitgangspunt om tot een gemeenschappelijke

Problemen met anonimiteit en gebrek aan toezicht op ondergrondse parkeergarages.
Problems with anonymity and lack of supervision of underground car parks.

became clearer where things had gone wrong. Some of the abuses are not physical in nature, but revolve around rogue rental agencies renting flats on behalf of a client. Through this construction, it is almost impossible to find out who lives there. Buildings that are anonymous (where criminals can, for example, go directly to their floor via the car-park lift in the middle of the night and therefore move drugs or other items quickly and unseen) are explicitly preferred. In addition, it was reported in the media that 'hundreds' of criminals were helped to find a flat this way. Reports coming in to the police may give an initial picture of buildings where this is happening. The scale of the problem is unknown and it is naturally not an issue exclusive to high-rise buildings – or just in Rotterdam.

In many older towers, the entrance consists of a small central hall with letterboxes and a corridor with lifts. But a building's entrance can actually have multiple functions and serve as a central place that people use at different times of the day. A fine example of a building with a central hall is the Calypso residential building on Westersingel. Here, the Bagels & Beans café overlooks the central hall and the entrances to the offices in the lower part are designed to partly overlook the central hall. Residents walk through

ruimte te komen op de begane grond is echter maar een onderdeel van het zoeken naar meer plekken voor toevallige ontmoetingen en collectieve voorzieningen. De nieuw opgeleverde torens aan de Wijnhaven, The Muse en Casanova, hebben een gemeenschappelijke onderbouw met gedeelde functies: een collectieve keuken, ontmoetings- en werkplekken, een gemeenschappelijk terras, 'hotelkamers' die te huur zijn voor bewoners als er bezoek is, en een huismeester (de torens delen de kosten hiervoor). Maar ook andere gebouwen zoals Bright aan de Wijnhaven, Clubhouse en de Terraced Tower aan de Boompjes en de Maasbode aan 't Landje (oplevering 2025) hebben gemeenschappelijkheid en ontmoeten als basis van het ontwerp genomen.

Ook het parkeren in een gebouw kan aandachtspunt zijn voor het stimuleren van ontmoeting en tegengaan van ondermijning. In de vastgestelde Hoogbouwvisie uit 2019 wordt een knip voorgeschreven tussen parkeren en wonen. Vanuit de parkeergarage kom je eerst uit in de centrale hal voordat je naar de lift van de woningen loopt. Voordeel hiervan is dat je altijd door de meest gemeenschappelijke plek van

het gebouw moet lopen om naar je woning of auto/fiets te gaan.

Maar, klopt de vele aandacht die aan anonimiteit en ondermijning wordt gegeven in de media wel, of is hierin een nuancering aan te brengen? Eind

De ruime, lichte en transparante entreehal van de Calypso toren. The spacious, light and transparent entrance hall of the Calypso tower.

this hall, where walking routes are free of obstacles, to the corridor with lifts; letterboxes are placed at the back and there is a caretaker in the building. However, the premise of achieving a common space on the ground floor is only part of the search for more places for casual encounters and collective facilities. The newly completed towers on the Wijnhaven, The Muse and Casanova, have a common lower structure with shared functions: a collective kitchen, meeting and work spaces, a communal terrace, 'hotel rooms' that can be rented to residents when they have visitors, and a caretaker (the towers share the costs for this). But other buildings such as Bright on the Wijnhaven, Clubhouse and the Terraced Tower on Boompjes and the Maasbode on 't Landje (completion 2025) have also taken communality and encounters as the basis of their design. Parking in a building can also be a focus for encouraging meeting and countering subversive crime. The adopted High-rise Vision 2019 prescribes a split between parking and residential. From the car park, you first emerge into the central hall before walking to the lift to the flats. The advantage of this is that you always have to walk through the most common area of the building to get to your home or car/bike.

But, is the considerable attention paid to anonymity and subversive crime in the media

2022 publiceerde de gemeentelijke afdeling Onderzoek en Business Intelligence (OBI) het onderzoek 'Woontevredenheid onder bewoners van hoogbouw in de Binnenstad'. Hierin is de woontevredenheid gemeten van drie generaties woontorenbewoners in de binnenstad. Het overall rapportcijfer is een dikke 8 voor het appartement, een ruime 7 voor het woongebouw en een ruime 7 voor de directe woonomgeving. Daarmee scoort hoogbouw over het algemeen beter dan het Rotterdams gemiddelde. De meest gewaardeerde aspecten waren de nabijheid van openbaar vervoer, de grootte van de woonkamer, en het uitzicht. Minst gewaardeerde aspecten waren de afmetingen van de berging, de airconditioning en de hoge woonlasten (en dan vooral voor de huurappartementen). De antwoorden op vragen over gemeenschapszin en contact met buren vielen vooral positief op. 80% van de bewoners voelt zich zelden tot nooit onveilig in het gebouw, 70% geeft aan dat bewoners op een prettige manier met elkaar omgaan, de helft meldt contact te hebben met zijn of haar buren, iets meer dan 60% van de mensen heeft contact met andere bewoners in het gebouw en 54% helpt weleens de buren. Deze cijfers liggen voor heel Rotterdam ongeveer hetzelfde of lager, is vast te stellen op basis van het wijkprofiel van de gemeente Rotterdam in 2022.

In de film _Metropolis_ uit 1927 wordt de dystopie van de mensvijandige metropool van de toekomst verbeeld. The 1927 film _Metropolis_ depicts the dystopia of the hostile metropolis of the future.

correct, or can this be nuanced? In late 2022, the municipal Research and Business Intelligence (OBI) department published the survey 'Residential satisfaction among residents of high-rise buildings in the City Centre'. This measured the residential satisfaction of three generations of inner-city residential-tower dwellers. The overall rating is a good 8 out of 10 for the apartment, a good 7 for the residential building and a good 7 for the immediate living environment. This result means that high-rise buildings generally score better than the Rotterdam average. The most appreciated aspects were the proximity to public transport, the size of the living room, and the view. Least appreciated were the size of the storage space, the air conditioning and high living costs (especially for the rental flats). Responses to questions about sense of community and contact with neighbours stood out as particularly positive. 80% of residents rarely or never felt unsafe in the building, 70% reported that residents interact with each other in a pleasant way, half report having contact with their neighbours, just over 60% of people interact with other residents in the building and 54% sometimes help neighbours. These figures are about the same or lower for the whole of Rotterdam, which can be determined based on the municipality of Rotterdam's neighbourhood profile in 2022.

Wonen voor iedereen?

In de meeste films, series en boeken is hoogstedelijk wonen een concept voor het vieren van de stad. Denk aan een serie zoals *Friends* of *Sex and the City* (of zo'n beetje elke film over New York). Alles draait om vrienden, liefde, op zoek zijn naar jezelf, eenzaamheid maar ook bioscopen, winkels, restaurants, musea en theaters om de hoek en goed te voet bereikbaar of per openbaar vervoer. Meestal is de hoofdrol weggelegd voor een jongvolwassene. Het is dan ook deze groep die het meest woont in de binnenstad én hoogbouw.

Qua omvang is de leeftijdsgroep tussen 25 en 34 jaar verreweg de grootste groep die in hoogbouw woont. Dit is circa 50% van het totaal. Voor het Rotterdams gemiddelde ligt dit voor deze leeftijdsgroep op 18%. In iets meer dan 40% van de woningen in hoogbouw gaat het om een tweepersoonshuishoudens. Ook zijn er veel eenpersoonshuishoudens, maar dit percentage is ongeveer gelijk aan de rest van Rotterdam.

Er is een categorie die ondervertegenwoordigd is in de binnenstad: slechts 10% van de woningen wordt bewoond door gezinnen. De vraag is hoe er meer gezinnen naar de binnenstad kunnen worden getrokken of anders gezegd hoe kunnen gezinnen worden verleid

De sitcom serie *Seinfeld* (1989-1998) portretteert en viert het ongebonden leven van singles in New York. The sitcom series *Seinfeld* (1989-1998) portrays and celebrates the unattached life of singles in New York.

Housing for everyone?

In most films, series and books, metropolitan living is a concept for celebrating the city. For instance, a series like *Friends* or *Sex and the City* (or just about any film about New York). Everything is about friends, love, searching for yourself, loneliness but also cinemas, shops, restaurants, museums and theatres around the corner and easily accessible on foot or by public transport. Usually, the lead role is for a young adult. It is also this group that most often lives in the city centre and also in high-rise.

In terms of size, the 25-34 age group is by far the largest group living in high-rise. It is about 50% of the total. For the Rotterdam average, this age group takes up 18%. Just over 40% of homes in high-rise buildings are two-person households. There are also many single-person households, but this percentage is about the same as in the rest of Rotterdam.

There is one category that is under-represented in the city centre: only 10% of homes are occupied by families. The question is how to attract more families to the city centre, or in other words how to entice families to live in a multi-level building? In 2015, the municipality of Rotterdam launched a competition that required an answer to the ques-

MAASBODE | 2022-2024 | Schiedamse Vest | Architect: Van Bergen Kolpa Architecten | Woontoren van 20 verdiepingen, 70 meter hoogte,
44 eengezinswoningen, 50 appartementen, 4 gestapelde binnenplaatsen. Residential tower of 20 floors, 70 metres in height, 44 single-family homes,
50 apartments, 4 stacked courtyards.

om in een gestapeld gebouw te gaan wonen? De gemeente Rotterdam heeft in
2015 een prijsvraag uitgeschreven waarbij een antwoord op de vraag moest worden geformuleerd hoe het moderne gezin op een stedelijke manier gehuisvest kan
worden. Op deze oproep werden 150 verschillende ideeën ingezonden. Belangrijkste zaken die terugkwamen in de inzendingen waren flexibele plattegronden, collectieve buitenruimte, fietsenstalling, verticale straat en extra bergruimte. Twee
van de projecten die voortkomen uit deze prijsvraag zijn anno 2023 in aanbouw.
BABEL op de Lloydpier en De Maasbode in Cool Zuid, beide gestapelde gebouwen.
De Maasbode wordt 70 meter hoog en krijgt 44 eengezinswoningen (drie lagen
hoog, zoals je die ook in de buitenwijken tegenkomt). Centraal in het gebouw zijn
verschillende 10 meter hoge straten van 12 meter breed, met de woningentrees die
hier aan grenzen. De straat fungeert hiermee als ontmoetingsplek en speelplek.
Uniek aan het gebouw is dat de kern, die gewoonlijk altijd in het midden van
een toren zit, verschoven is naar de zijkant, waarmee ruimte is gemaakt voor de
brede straten. Dit laat zien dat met een beetje creativiteit plattegronden niet altijd
hetzelfde hoeven te zijn in torens.
Initiatieven die andere manieren van wonen aanbieden, komen er steeds meer.
Deze bedienen in grote mate de belangrijkste doelgroep (alleenstaand en tussen

**De Maasbode dankt zijn naam aan de Rotterdamse krant de Maasbode die op deze plaats werd
gedrukt. Het is de eerste toren die de liften, trappen en installaties niet in de kern van het
gebouw heeft geplaats, maar aan de buitenrand. Hierdoor ontstaat ruimte voor een concept van
gestapelde kavels met overdekte binnenstraten waar 44 eengezinswoningen op aansluiten. Deze
straten zijn ongeveer 10 meter hoog en zo'n 25 meter lang.**

De Maasbode owes its name to the Rotterdam newspaper De Maasbode, which was printed at this
location. It is the first tower in which the lifts, stairs and installations have not been placed in the
core of the building, but on the outer edge. This creates space for a concept of stacked plots with
covered inner streets to which 44 single-family homes connect. These streets are about 10 metres
high and about 25 metres long.

tion of how to house the modern family in an urban way. In response to this call, 150
different ideas were submitted. Key issues that recurred in the submissions were flexible
floor plans, collective outdoor space, bicycle parking, vertical street and extra storage
space. Two of the projects resulting from this competition are under construction in
2023. BABEL on the Lloydpier and De Maasbode in Cool Zuid, both multi-level buildings.
De Maasbode will be 70 metres high and will have 44 single-family houses (three storeys
high, like in the suburbs). Central to the building are several 10-metre-high streets 12
metres wide, with residential entrances adjacent to these. The street therefore acts as
a meeting place and play area. A unique feature of the building is that the core, which is
normally always in the middle of a tower, has been shifted to the side, making room for
the wide streets. This shows that, with a little creativity, floor plans do not always have
to be the same in towers.
Initiatives offering other ways of living are becoming more common. These largely
serve the main target group (single and aged 25-34). One example is Clubhouse on the
Boompjes (completion 2024), which has a mix of starter flats and private-sector flats.
But what makes Clubhouse really interesting are the 'co-living' flats, where residents

de 25 en 34 jaar). Een voorbeeld hiervan is Clubhouse aan de Boompjes (oplevering 2024), dat een mix heef van startersappartementen en vrijesectorappartementen. Maar, wat Clubhouse echt interessant maakt zijn de *co-living* appartementen, waarin bewoners de keuken en woonkamer delen, maar iedereen zijn eigen slaapkamer en badkamer heeft. Daarnaast zijn er veel gedeelde voorzieningen in het gebouw, zoals werkplekken en tal van (deel)mobiliteitsopties die te reserveren zijn als bewoner – van (bak)fiets tot busje.

De verdichting van de binnenstad is grotendeels op het conto van hoogbouw te schrijven. Het merendeel van de torens die de afgelopen periode zijn gebouwd, bedient het segment van de middeldure en dure woningen. Dit is geheel in lijn met het beleid van de gemeente ('Binnenstad als city lounge', 2008) om, naast de bestaande grote hoeveelheid sociale woningen, in de binnenstad ook andere woningtypen te bouwen en daarmee andere bewonersgroepen aan zich te binden. De Zalmhaventoren, POST en The CoolTower zijn hier goede voorbeelden van. De afgelopen jaren is hier wel een verandering in gekomen. De nieuwe eisen voor het maken van betaalbare woningen komen terug in de nieuwe plannen die in

ontwikkeling zijn. Zo heeft de RISE en de nieuwe Lumièretoren een aandeel sociale en/of betaalbare woningen in de plannen opgenomen. Om dit in perspectief te zetten: ongeveer 35% van de

De BABEL toren op de Lloydpier met collectieve buitenruimtes
The BABEL tower on the Lloydpier with collective outdoor spaces

share the kitchen and living room, but everyone has their own bedroom and bathroom. There are also many shared facilities in the building, such as work-spaces and numerous (shared) mobility options that residents can reserve – ranging from ordinary bicycles and cargo bikes to vans.

The densification of the city centre can be largely attributed to high-rise. Most of the towers built recently serve the medium and high-end housing segment. This is entirely in line with the municipality's policy (The centre as city lounge', 2008) to build other hous-ing types in the centre, in addition to the existing large amount of social housing, and as a result attract other groups of residents. The Zalmhaventoren, POST and the CoolTower are good examples. However, this has changed in recent years. The new requirements for making affordable housing are reflected in the new plans under development. For instance, the RISE and the new Lumièretoren have included a proportion of social and/ or affordable housing in their plans. To put this in perspective, about 35% of homes in Rotterdam are still social housing, and if the first ring around the city centre is included, it is more than 50% of the total.

woningen is nog steeds een sociale woning en als de eerste ring rond de binnenstad wordt meegeteld, is dit meer dan 50% van het totaal.

De binnenstad als plek

De binnenstad is van iedereen. Met de plannen voor de herinrichting van het Hofplein kwamen digitaal meer dan 9.000 (overwegend positieve) reacties binnen, ook van Rotterdammers die niet in de binnenstad wonen. Wat je ook bijna zou vergeten is dat in de binnenstad bijna drie keer zoveel mensen werken als wonen, en dat de binnenstad ook voorziet in regionale voorzieningen, zoals een groot winkelhart en culturele voorzieningen. Dat wil niet zeggen dat iedereen zomaar in de binnenstad wil wonen. Veel mensen kiezen liever voor een rustiger plek, een grotere woning of woning met een tuin. Dat er met het juiste gebouw en de juiste woningen andere bewoners kunnen worden aangetrokken, blijkt wel uit de gezinswoningen in BABEL en De Maasbode. Ook is er een groei te zien in het aantal ouderen die terugkeren naar Rotterdam en woningen betrekken in de nieuwe hoogbouw. Maar meer dan de helft van alle woningen in de binnenstad wordt toch echt bewoond door jonge mensen. Op zoek naar vertier, cultuur en levendigheid. Wat ook opvalt, is dat een relatief groot deel van de bewoners in de binnenstad minder lang in de binnenstad blijft wonen ten opzichte

De Maasbode toren met straten als publieke ruimte op de etages
The Maasbode tower with streets as public space on the floors

The city centre as a place

The city belongs to everyone. The plans for the redevelopment of Hofplein attracted more than 9,000 (mostly positive) digital responses, including from Rotterdammers who do not live in the city centre. Another thing you might almost forget is that the city centre accommodates almost three times as many people working as living, and also provides regional amenities, such as a large shopping centre and cultural facilities. This is not to say that everyone just wants to live in the centre. Many people opt instead for a quieter place, a larger house or a property with a garden. That with the right building and the right homes other residents can be attracted is demonstrated by the single-family homes in BABEL and De Maasbode. There is also growth in the number of elderly people returning to Rotterdam and moving into homes in the new high-rise buildings. But more than half of all inner-city housing really is still occupied by young people. Looking for entertainment, culture and liveliness. What is also noticeable is that a relatively large proportion of inner-city residents live in the city centre for a shorter time compared to other places in the city. Change in the composition of a household, as a result of which a home no longer meets the needs, is usually the reason for moving to a place that does.

van andere plekken in de stad. Verandering in samenstelling van huishouden, waardoor een woning niet meer voldoet aan de woonbehoefte, is meestal de reden voor verhuizing naar een plek die hierop wel aansluit.

Met een WOZ-waarde die bijna twee keer zo hoog is als gemiddeld in Rotterdam, woningen die twee keer zo snel worden verkocht, en veel appartementen met ten minste één kamer meer dan het aantal bewoners, is de aantrekkingskracht van wonen in de binnenstad de afgelopen jaren sterk toegenomen. Wat daarnaast opvalt is dat de afgelopen periode het aantal vierkante meters per nieuw opgeleverde woning juist kleiner aan het worden is. Logisch, gezien de overgrote groep die in de binnenstad woont: jong, hoger opgeleid, sportief en bezoekers van evenementen. Toch blijft er behoefte aan diverse soorten en maten woningen in de binnenstad, ook in hoogbouw. Dat gezegd hebbende is de gemiddelde binnenstads-bewoner echt anders en vraagt wellicht ook niet om een standaardwoning.

Nieuwe plekken voor verdichting

Nederland heeft tussen de 400.000 en 1.000.000 nieuwe woningen nodig – afhankelijk van de geraadpleegde bron. In veel steden wordt er op dit moment nagedacht over verdichting, ook met hoogbouw. De Stichting Hoogbouw heeft becijferd dat er op

Jaarlijks terugkerend cultureel evenement wat de hoogte viert in Rotterdam. Annual cultural event that celebrates heights in Rotterdam.

With a WOZ value almost double the average in Rotterdam, homes that are sold twice as fast, and many flats with at least one room more than the number of residents, the attraction of living in the centre has increased significantly in recent years. Another striking aspect is that in recent times, the number of square metres per newly completed home has actually been decreasing. Not surprising, given that the vast majority who live in the city centre are young, well-educated, sporty and like to visit events. Yet there remains a need for various types and sizes of housing in the city centre, including in high-rise. That said, the average inner-city resident is really different and may not be looking for a standard home, either.

New places for densification

The Netherlands needs between 400,000 and a million new homes – depending on the source consulted. Many cities are currently considering densification, including with high-rise. The Dutch Council on Tall Buildings has calculated that there are already 220 towers over 70 metres in the Netherlands at the moment and another 45 will be added in the coming years. An additional 180 are planned and if the line is continued from

dit moment al 220 torens zijn boven de 70 meter in Nederland en dat er de komende jaren nog eens 45 bijkomen. Daarnaast staan er nog 180 in de planning en als de lijn wordt doorgetrokken van de afgelopen jaren hebben we in 2040 meer dan 450 torens die boven de 70 meter zijn. [Stichting Hoogbouw, Hoogbouw in Nederland, 2020. p. 12]. In Rotterdam wordt gemikt op 50.000 nieuwe woningen. Deze woningen moeten gebouwd worden in bestaand stedelijk gebied. Denk hierbij aan (voormalige) haventerreinen, maar ook rond ov-knooppunten buiten de binnenstad. In Rotterdam zijn dit er drie: Zuidplein (een van de grootste busstations van Nederland en metro), Alexanderknoop (intercitystation en metro), en Feyenoord City (nieuw intercitystation en tramknoop). Op deze plekken is het sinds 2019 mogelijk om hoogbouw te realiseren. Met ongeveer veertig torens die gepland staan (merendeels nog steeds in de binnenstad) begint deze ambitie inmiddels vorm te krijgen. De koppeling met openbaar vervoer is een vereiste om hoogbouw te realiseren. Hoogbouw maakt op deze plekken het verschil. De ruimte hier is schaars en de grondprijs ligt hoger dan op andere plekken in de stad. Met de lessen uit de binnenstad kunnen hier ook levendige nieuwe centra ontstaan met een eigen identiteit.

Door het verder verdichten van de 'knopen' in de stad met woningen,

Culturele ontmoetingsplekken zoals Verhalenhuis Belvedere op Katendrecht.
Cultural meeting places such as Verhalenhuis (Storyhouse) Belvedere on Katendrecht.

recent years, we will have more than 450 towers over 70 metres by 2040. [Stichting Hoogbouw, Hoogbouw in Nederland, 2020]. Rotterdam is targeting the realization of 50,000 new homes, and these must be built in existing urban areas. That could be current or former port sites, but also round public-transport nodes outside the city centre. In Rotterdam, there are three of these: Zuidplein (one of the largest bus stations in the Netherlands and metro), Alexanderknoop (intercity station and metro), and Feyenoord City (new intercity station and tram interchange). High-rise has been possible at these locations since 2019. With around 40 towers planned (most of them still in the city centre), this ambition is now beginning to take shape. The connection with public transport is a requirement for high-rise buildings. High-rise makes the difference in these places. Space here is scarce and land prices are higher than other places in the city. Taking lessons from the city centre, lively new centres with their own identity can also emerge here.

So, by further densifying the city's 'nodes' with housing, workplaces and cultural amenities, the traditional concept of a single city centre is slowly changing. The principle of the '15-minute city' underpins this idea. What was once conceived in San Francisco by urban desiger Dan Luscher has now become a globally accepted idea of what

DE POST | 2022-2024 | Coolsingel | Architect: ODA i.s.m. Braaksma en Roos | Woontoren van 43 verdiepingen, 155 meter hoogte,305 appartementen en een gemeenschappelijk dakterras. Residential tower of 43 floors, 155 metres in height, 305 apartments and a communal roof terrace.

werkplekken en culturele voorzieningen is het traditionele concept van één binnenstad dus langzaam aan het veranderen. Het principe van de 'vijftienminutenstad' ligt hieraan ten grondslag. Wat ooit in San Francisco is bedacht door stedenbouwkundige Dan Luscher, is inmiddels een wereldwijd gedragen idee geworden over hoe steden eruit moeten zien. Het idee erachter is dat elke stedeling zou moeten wonen binnen een afstand van vijftien minuten lopen of fietsen van essentiële stedelijke voorzieningen. Hierdoor worden steden leefbaarder en gezonder. Dit is precies wat de verdichting van de knopen in Rotterdam doet: inzetten op openbaar vervoer, lopen en fietsen zorgt ervoor dat er minder autobewegingen nodig zijn. Zeker in een stad waar een groot deel van de autoritten gebruikt wordt om afstanden tussen de 1 en 5 kilometer te rijden. [RMA (Rotterdamse mobiliteitsaanpak), 2020. p. 12]. Ook hier is de verdichting in de binnenstad een voorbeeld. De aanzienlijke toename van mensen die in de binnenstad zijn komen wonen en werken de afgelopen jaren heeft niet gezorgd voor meer autoritten (sterker nog, er is sprake van een vrij forse afname). Ook geven de cijfers aan dat mensen die nabijheid prefereren (vijftienminutenstad) veel meer lopen en fietsen.

POST Rotterdam is de naam van de herontwikkeling van het voormalige postkantoor aan de Coolsingel in Rotterdam. Het Rijksmonument wordt getransformeerd tot een hotel met twee publiek toegankelijke centrale hallen met winkels, bars en restaurants. Op de expeditie hof aan de Rodezand aan de achterzijde van het bestaande Postkantoor komt een 155 meter hoge woontoren.

POST Rotterdam is the name of the redevelopment of the former post office on the Coolsingel in Rotterdam. The national monument will be transformed into a hotel with two publicly accessible central halls with shops, bars and restaurants. A 155-metre-high residential tower will be built on the goods yard on the Rodezand at the rear of the existing Post Office.

cities should look like. The idea behind it is that every city-dweller should live within a 15-minute walking or cycling distance of essential urban amenities, which will make cities more liveable and healthier. This is exactly what the densification of the nodes in Rotterdam does: focusing on public transport, walking and cycling reduces the need for car movements. Especially in a city where a significant proportion of car journeys are used to drive distances between 1 and 5 kilometres. [RMA, Rotterdamse mobiliteitsaanpak, Rotterdam Mobility Approach, 2020. p. 12]. Densification of the city centre is another example. The significant increase in people who have come to live and work in the city centre in recent years has not resulted in more car journeys (in fact, there has been a fairly substantial decrease). The figures also indicate that people who prefer proximity (15-minute city) walk and cycle much more.

Life cycle of high-rise
Apart from the traffic and health effects that densification round nodes in the existing city produces, there is another important reason why it is smart to densify in the existing city. It may be more complex to build higher, space is scarce and therefore the costs are higher and the CO_2 emissions from construction are also higher, to name a few effects. Building a tower requires about 20% more materials. For instance for stairwells, lifts, the hall, communal areas and corridors to get to your front door.

Levenscyclus van hoogbouw

Los van de verkeers- en gezondheidseffecten die verdichting rond knopen in de bestaande stad opleveren, is er nog een belangrijke reden te noemen waarom het slim is te verdichten in de bestaande stad. Het is wellicht complexer om hoger te bouwen, ruimte is schaars en daarmee zijn de kosten hoger en is ook de CO_2-uitstoot van de bouw hoger, om maar wat effecten te noemen. Bij het bouwen van een toren moet is ongeveer 20% meer materialen nodig. Denk aan trappenhuizen, liften, de hal, gemeenschappelijke ruimtes en gangen om naar je voordeur te komen.

Daar staat tegenover dat de aansluiting op elektriciteitsnetwerken, riool, water en bestaande infrastructuur veel efficiënter kan worden aangelegd; er kan immers bijna altijd gebruik worden gemaakt van de structuren die er al liggen. Dat is een besparing van kosten die wel worden gemaakt als er op een nieuwe plek, zonder deze structuren, nieuwe woningen worden toegevoegd (zoals in een nieuwe buitenwijk – en dit wordt meestal niet meegenomen in de CO_2-bepaling). Daarnaast hebben hoogbouwbewoners significant minder autobezit, doordat ze nu eenmaal wonen op plekken waar alles om de hoek aanwezig is en er nadrukkelijk een koppeling is met hoogwaardig openbaar vervoer. Voor het bouwen van dezelfde hoeveelheid woningen in een buitenwijk zijn de bouwkosten lager en kan bijna elke

Avondprogrammering rond hoogbouw. Evening programming around high-rise buildings.

However, connection to electricity grids, sewage systems, water and existing infrastructure can be done much more efficiently; after all, structures that are already there can almost always be used. This is a saving of costs that do occur when new housing is added on a new site that lacks these structures (such as in a new suburb – and this is usually not included in the CO_2 determination). In addition, high-rise residents have significantly less car ownership, because they now live in places where everything is around the corner and there is an explicit link to high-quality public transport. To build the same amount of housing in a suburb, construction costs are lower and almost every metre can be sold or rented. In addition, cars are parked on private property or in the street, which really saves on costs (€5,000 per parking space versus €20,000 to €60,000 in high-rise buildings). More of them are needed, however, as car ownership probably hovers around 1.5 cars per household.

Where high-rise buildings are going to make the difference is after a new tower is completed. A household emits an average of 3,400 kilotonnes of CO_2 per year per car, according to figures from Milieu Centraal. [Milieu Centraal, 'What is your carbon footprint?', 2020]. This will be more for suburban homes, as this concerns an average. Consider the fact that in

meter worden verkocht of verhuurd. Daarnaast staan de auto's op eigen terrein of in de straat, wat echt scheelt in de kosten (€5.000 per parkeerplaats versus € 20.000 tot € 60.000 in hoogbouw). Er zijn er wel meer van nodig, omdat het autobezit waarschijnlijk rond de 1,5 auto per woning schommelt.

Waar hoogbouw het verschil gaat maken, is ná oplevering van een nieuwe toren. Een huishouden stoot gemiddeld 3.400 kiloton CO_2 uit per jaar per auto volgens de cijfers van Milieu Centraal. [Milieu Centraal, 'Wat-is-je-co2-voetafdruk', 2020]. Dit zal voor woningen in een buitenwijk meer zijn, omdat het over een gemiddelde gaat. Bedenk dat dit in de buitenwijk de voornaamste manier is om naar het werk te gaan, boodschappen te doen of een sportclub te bereiken. De CO_2-uitstoot van de woningen in zo'n buitenwijk ligt door al deze verplaatsingen na dertig tot vijftig jaar fors hoger dan woningen in een toren met voorzieningen en gekoppeld aan goed openbaar vervoer (en dan hebben we het alleen nog over het gebruik van een auto). Wat hier ook meespeelt is dat het onderhoud en beheer van straten, kabels en leidingen over een langere periode veel geld kost. In gebieden met veel veen en klei zakt de bodem langzaam, wat het geval is in grote delen van de Randstad. Door de verzakkingen moet uiteindelijk de grond worden opgehoogd om op gelijk niveau te blijven als de woningen. Ook zullen door verzakkingen onvermijdelijk een keer de kabels en leidingen opnieuw

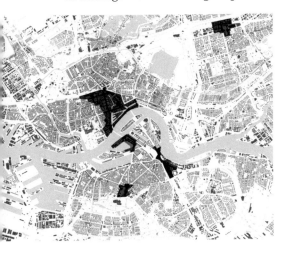

Hoogbouwvisie Rotterdam 2019.
High-rise Vision Rotterdam 2019.

the suburbs, driving is the main way to get to work, run errands or travel to a sports club. Because of all these movements, the CO_2 emissions from housing in such a suburb are significantly higher after 30 to 50 years than homes in a tower with amenities and linked to good public transport (and that's just talking about using a car). What also comes into play here is that the maintenance and management of streets, cables and pipes over a longer period of time costs a great deal of money. In areas with a lot of peat and clay, the soil is slowly sinking, which is the case in large parts of the Randstad, the conurbation of Western Holland. Due to subsidence, the ground eventually has to be raised to stay at the same level as the houses. Also, due to subsidence, cables and pipes will inevitably have to be relaid at some point. In the Netherlands, the municipalities have to foot the bill for this. In an area where the number of houses per hectare is lower, this leads to more management and maintenance costs per household. This has already been investigated for Belgium by the Flemish Government Architect [Vlaamse Bouwmeester, 'Making space for people and nature', 2017]. Many more streets, cables and pipes are needed to reach every home and provide sewers, water and electricity. Ultimately, the costs are shared by all the residents in a city. This means that areas in which there

gelegd moeten worden. De financiering hiervan moet in Nederland door gemeenten worden opgehoest. In een gebied waar het aantal woningen per hectare lager is, leidt dit tot meer beheer- en onderhoudskosten per huishouden. Dit is voor België door de Vlaams bouwmeester al eens uitgezocht voor België [Vlaamse bouwmeester, 'Ruimte maken voor mens en natuur', 2017]. Er zijn veel meer straten, kabels en leidingen nodig om elke woning te bereiken en te voorzien van riolering, water en elektriciteit. Uiteindelijk worden de kosten gedeeld door alle inwoners in een stad. Dit betekent dat gebieden waarin er veel woningen bij elkaar staan (lees: hoogstedelijk, hoogbouw) gaan meebetalen aan de beheer- en onderhoudskosten van plekken die minder woningen per hectare hebben. Die kosten worden niet meegerekend bij het bouwen van de woningen die nu worden gemaakt, maar zijn kosten die pas over veertig tot zestig jaar gaan spelen. In deze Vlaamse studie is aangetoond dat de maatschappelijke kosten voor mobiliteit per huishouden minstens dubbel zo groot zijn als je in lage dichtheden gaat wonen aan de rand van de stad. Of er nog wel riolering naar het buitengebied kan worden aangelegd door de extreem hoge kosten.

De levenscyclus van een typologie is vaak nog onderbelicht in het nadenken over nieuw te bouwen woningen, maar zou aan de voorkant een groter belang moeten hebben als hierover beslissingen worden

Internationaal hoge snelheid treinnetwerk Europa.
International high-speed train network Europe.

are many dwellings together (i.e. metropolitan, high-rise) will be paying for the management and maintenance costs of places that have fewer dwellings per hectare. Those costs are not factored in when building the homes now, but are costs that will only come into play 40 to 60 years from now. This Flemish study showed that the social cost of mobility per household is at least double if you live in low-density housing on the outskirts of the city. It remains to be seen whether sewers can still be built to the outlying areas due to the extremely high cost.

The life cycle of a typology is often still underexposed when thinking about new housing to be built, but should have greater importance at the front end when decisions are being made about it. More and higher together is ultimately cheaper and could even contribute to greater investment to make complex stacked projects possible and feasible.

High-rise and sustainability

According to urban designer and author Richard Sennett, high-rise buildings are boring and unsustainable, as described above. He considers 20 to 30-storey buildings with a lift in the middle and closed façades with air conditioning to be a 20th-century typology. The question is which high-rise he means exactly. Referring to the residential towers built at

gemaakt. Meer en hoger bij elkaar is uiteindelijk goedkoper en zou zelfs kunnen bijdragen aan de grotere investeringen om complexe gestapelde projecten mogelijk en haalbaar te maken.

Hoogbouw en duurzaamheid

Volgens stedenbouwkundige en schrijver Richard Sennett is hoogbouw is saai en niet duurzaam, zoals hierboven al beschreven is. Gebouwen van twintig tot dertig lagen hoog met een lift in het midden en dichte gevels met airconditioning beschouwt hij als een typologie uit de twintigste eeuw. De vraag is welke hoogbouw hij dan precies bedoelt. Refererend aan de woontorens die gebouwd werden aan het eind van vorige eeuw heeft hij wellicht een punt. Er zijn echter enkele aspecten die wel degelijk innovatief zijn en bijdragen aan een duurzamer en meer circulair gebouw. Zo is het nadenken over meer natuurinclusief bouwen met hoogbouw eigenlijk pas echt van de grond gekomen met Bosco verticale (verticaal bos) van architect Stefano Boeri in Milaan. Dit complex bestaat uit twee torens van respectie-

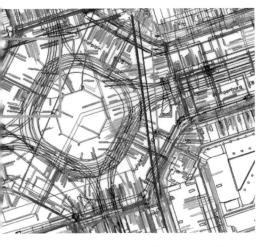

velijk 110 en 76 meter hoog. Op en aan deze torens zijn 800 bomen, 5.000 struiken en 1.500 vaste planten geplant. Het groen neemt ongeveer 20.000 kg CO_2 op per jaar. Doordat er meer dan negentig verschillende soorten

Verzamelkaart van de ondergrondse technische infrastructuur Hofplein en Pompenburg.
Collective map of the underground technical infrastruture Hofplein and Pompenburg.

the end of last century, he may have a point. However, there are some aspects that really are innovative and contribute to a more sustainable, circular building. For instance, thinking about more nature-inclusive construction with high-rise buildings actually only really took off with Bosco vertical (vertical forest) by architect Stefano Boeri in Milan. This complex consists of two towers of 110 and 76 metres high, respectively. On and at these towers, 800 trees, 5,000 shrubs and 1,500 perennials have been planted. The greenery absorbs about 20,000 kg of CO_2 per year. With more than 90 different species of plants used, biodiversity also increases. The trees and plants also play a role in regulating the temperature in the building through the shade they provide, and they have a positive effect on the wind. In addition, the trees and plants also protect the space inside the homes from noise.

This way of thinking about high-rise is also gradually emerging in the Netherlands. In Utrecht, Wonderwoods will be completed in 2024. Also designed by Stefano Boeri, in collaboration with MVSA Architects. A complex with two towers of 73 metres and 105 metres. It is intended as a strong reference to the Utrechtse Heuvelrug. Local trees and plants (for instance, rowan, oak and gorse) will be planted on the roof gardens and terraces with a substrate layer one metre thick and, underneath, large infiltration

planten zijn gebruikt, neemt ook de biodiversiteit toe. De bomen en planten hebben daarnaast ook een rol om de temperatuur te regelen in het gebouw door de schaduw die ze geven en ze hebben een positief effect op de wind. Daarnaast beschermen de bomen en planten ook de ruimte in de woningen tegen geluid. Ook in Nederland ontstaat langzamerhand navolging van deze manier van nadenken over hoogbouw. In Utrecht wordt in 2024 Wonderwoods opgeleverd. Eveneens ontworpen door Stefano Boeri, in samenwerking met MVSA Architects. Een complex met twee torens van 73 meter en 105 meter hoog. Het moet een sterke verwijzing naar de Utrechtse Heuvelrug worden. Lokale bomen en planten (denk aan lijsterbes, eik en brem) worden geplant op de daktuinen en terrassen met een substraatlaag van een meter dik en daaronder grote infiltratiekratten die het mogelijk maken om al het hemelwater op te vangen. En in Eindhoven is op het terrein Strijp-S de Trudotoren gebouwd. Deze 70 meter hoge toren heeft 125 bomen en 5.200 struiken en planten. Al het groen komt in grote plantenbakken aan de gevel. Wat dit gebouw extra interessant maakt, is dat het gebouwd is door woningcorporatie Trudo, die alle 125 woningen verhuurt in de socialehuursector. De hoeveelheid ton CO_2 die het groen jaarlijks opneemt bij de Trudotoren komt overeen met 350 vluchten van Eindhoven naar Parijs. Een ander mooi voorbeeld is

RISE is een herontwikkelingsproject waarbij 1.300 woningen in 3 woontorens van ca. 250 meter, 150 meter en 100 meter hoog worden gebouwd aan aan het Hofplein, Coolsingel en Pompenburg in Rotterdam. De woningen moeten samen met een hotel, kantoren, horeca en maatschappelijke functies bijdragen aan een levendiger Hofplein en verdichting van de binnenstad.

RISE is a redevelopment project in which 1,300 homes are being built in 3 residential towers of approx. 250 metres, 150 metres and 100 metres high at Hofplein, Coolsingel and Pompenburg in Rotterdam. Together with a hotel, offices, hospitality and social functions, the homes are intended to contribute to a livelier Hofplein and densification of the city centre.

crates that will allow all the rainwater to be collected. And in Eindhoven, the Trudotoren has been built on the Strijp-S site. This 70-metre-high tower has 125 trees and 5,200 shrubs and plants. All the greenery will be in large planters on the façade. What makes this building extra interesting is that it was built by Trudo housing association, which rents out all 125 units in the social-rental sector. The tonnes of CO_2 absorbed annually by the greenery at the Trudo towers corresponds to 350 flights from Eindhoven to Paris. Another great example is Valley in Amsterdam. A façade landscape with many trees and plants was also chosen here. This building is special because the towers are connected by lower parts (the valley), which are accessible to the public. This kind of building does have a downside. For instance, the maintenance of a tower with its own plants and trees is higher than average. At least twice a year, it needs pruning (sometimes carried out abseiling) and actually requires a gardener to maintain it. In a general sense, green buildings are not new. In Singapore, it is a rule that an area one-and-a-half times the size of the tower's footprint must be greened. This has resulted in a number of high-profile buildings. Ben Wilson describes in his book *Metropolis* that Singapore is one of the places on earth with the greatest biodiversity; half of its 716 square kilometres are given over to forests, nature reserves and a network of green corridors linking habitats. Rules for new buildings have led to hundreds of grass roofs and vertical

RISE | ---- | Coolsingel | Architect: Powerhouse Company | Drie woontorens van 250, 150 en 100 meter hoogte met sociale huur, middensegment huur en koopwoningen, kantoorruimtens en maatschappelijke voorzieningen. Three residential towers of 250, 150 and 100 metres in height with social rental, midsegment rental and owner-occupied homes, office spaces and social facilities.

Valley in Amsterdam. Hier is ook gekozen voor een gevellandschap met veel bomen en planten. Dit gebouw is bijzonder omdat de torens worden verbonden door lagere delen (de vallei) die openbaar toegankelijk zijn.

Dit soort gebouwen heeft wel een keerzijde. Zo is het onderhoud van een toren met eigen planten en bomen hoger dan gemiddeld. Minimaal twee keer per jaar moet er (soms abseilend) gesnoeid worden en is er eigenlijk een hovenier nodig om het te onderhouden. In algemene zin zijn groene gebouwen niet nieuw. In Singapore is het een regel dat een oppervlakte van anderhalf keer de grootte van het grondvlak van de toren vergroend moet zijn. Dit heeft geleid tot een aantal spraakmakende gebouwen. Ben Wilson beschrijft in zijn boek *Metropolis* dat Singapore een van de plaatsen op aarde is met de grootste biodiversiteit; de helft van de 716 vierkante kilometers is gegund aan bossen, natuurreservaten en aan een netwerk van groene corridors die de habitats onderling verbinden. Regels voor nieuwe gebouwen heb-ben geleid tot honderden grasdaken en verticale tuinen langs de wolkenkrabbers. Singapore is erin geslaagd een groengebied ter grootte van Regent's Park in Londen (166 ha = ca. 330 voetbalvelden) te creëren: hoog in de lucht op daken, tegen muren en balkons. [Ben Wilson, Metropolis]. En ook in Nederland, gezien de eerste gebouwen gestoeld op deze filosofie die in aanbouw zijn, is dit iets wat meer en meer samen zal gaan met hoogbouw. In Eindhoven is er recentelijk besloten dat er 8 m² groen moet worden toegevoegd per woning. Wat, zeker in relatie met hoogbouw, overeenkomsten vertoont met Singapore.

Door beleid moeten nieuwe gebouwen 150% van het grondvlak vergroenen.
Policy requires new buildings to green 150% of the ground surface.

gardens along the skyscrapers. Singapore has managed to create a green space the size of Regent's Park in London (166 ha = about 330 football pitches): high in the sky on rooftops, and against walls and balconies. [Ben Wilson, Metropolis]. And in the Netherlands as well, given that the first buildings based on this philosophy are under construction, this is something that will increasingly go hand in hand with high-rise. In Eindhoven, it was recently decided that 8m² of green space should be added per dwelling. Which, especially in relation to high-rise, has similarities with Singapore.

Household-waste management is more complex in high-rise, but also provides opportuni-ties. Each home in a tower currently produces about two bags of rubbish per week. The waste system in Rotterdam is arranged so that glass and paper have to be separated beforehand. The rest of the household waste may be put together in a container, after which it is separated by a post-separation machine in the Botlek area. Here it is conveyor belts that pass different installations. Magnetic bands fish out the metal, organic

Het beheer van huishoudelijk afval is complexer bij hoogbouw, maar biedt ook kansen. Elke woning in een toren produceert op dit moment ongeveer twee zakken huisvuil per week. Het afvalsysteem in Rotterdam is zo geregeld dat er vooraf glas en papier gescheiden moeten worden. De rest van het huisvuil mag bij elkaar in een container, waarna het gescheiden wordt door een nascheidingsmachine in het Botlekgebied. Hier zijn het lopende banden die verschillende installaties passeren. Magneetbanden die het metaal eruit vissen, organisch materiaal verdwijnt in gaatjes in een zeef, zuigmonden die het plastic opzuigen, etc. Wat overblijft gaat naar de verbrandingsoven voor de stadsverwarming. In de praktijk betekent dit dat er op de begane grond ruimte moet komen voor het opslaan van vuilniszakken. Een toren met 200 woningen waar het afval één keer per week wordt opgehaald,

benodigt een opslag voor 400 zakken. Dit kan ondervangen worden met perscontainers, maar nog steeds neemt het afval ruimte in die evengoed aan iets besteed zou kunnen worden wat een meerwaarde heeft voor de locatie van de toren. Met de aanpassing van het Bouwbesluit is het sinds enige jaren niet meer verplicht om dit in het gebouw op te lossen. Het gevolg is veel meer ondergrondse vuilcontainers in het straatbeeld. Denk dan eens aan een gebied waar veel hoogbouw bij elkaar staat, Kop van Zuid of het Wijnhaveneiland, en hoeveel van die containers er

Trudotoren in Eindhoven met 125 bomen, meer dan 5000 planten en 125 sociale huurappartementen. Trudo tower in Eindhoven with 125 trees, more than 5000 plants and 125 social rental apartments.

material disappears through holes in a sieve, suction nozzles suck up the plastic, etc. What remains goes to the incinerator for district heating. In practice, this means that space is needed on the ground floor for storing rubbish bags. A tower with 200 homes where waste is collected once a week requires storage for 400 bags. This can be overcome with compactors, but the waste still takes up space that could just as well be used for something that adds value to the tower's location. With the amendment of the Building Decree, it has not been mandatory to solve this inside the building for several years now. The result is many more underground rubbish containers in the streetscape. Consider an area where there are many high-rise buildings together, on the Kop van Zuid or Wijnhaven island, and how many of those containers are needed to solve everything. Quick calculations for Wijnhaven island showed that in addition to space for cables, pipes and trees, almost all the space was needed to solve the storage of waste. How a battery of waste containers for high-rise buildings encroaches on outdoor space can be seen around De Witte Keizer in Rotterdam. What also comes into play is that waste separation is becoming mandatory. The European Green Deal makes explicit statements

nodig zijn om alles op te lossen. Snelle berekeningen voor het Wijnhaveneiland lieten zien dat naast ruimte voor kabels, leidingen en bomen bijna alle ruimte nodig was om de afvalopslag op te lossen. Hoe een batterij aan afvalcontainers voor hoogbouw de buitenruimte aantast, is te zien rond De Witte Keizer in Rotterdam. Wat ook meespeelt, is dat afvalscheiding verplicht wordt. De Europese Green Deal doet nadrukkelijk uitspraken over het meer circulair maken van grondstoffen, hiertoe behoort ook huishoudelijk afval. Het stapelen van woningen en programma in torens heeft wel een voordeel: de verticale leidingen zitten geclusterd in schachten, badkamers en keukens zijn logisch ingedeeld ten opzichte van deze leidingen. Het is mogelijk om meer te scheiden dan papier en glas door deze leidingschachten ook te gebruiken voor de scheiding van GFE (groente, fruit en eetafval). In Zuid-Korea en de VS wordt al lange tijd gewerkt met voedselvermalers (grinders). Deze bevinden zich in de gootsteen en hiermee spoel je groente, fruit en eetafval weg door het riool. Nu mag er in Nederland niet worden geloosd op het riool. Het systeem is hier niet op ingericht, het zou kunnen leiden tot het 'rotten' van de riolering. Maar, uit eerste onderzoeken van Wageningen Universiteit komt naar voren dat bij vermaling en vervolgens droging van groente-, fruit- en eetafvalresten er in ieder geval biomassa overblijft, dat zelfs kan worden gebruikt als compost. Bij nieuwe

Het Clubhouse bestaat uit 144 co-livingappartementen, waarbij de bewoners alle voorzieningen delen, op een slaapkamer met ensuite-badkamer na. Voor alle bewoners van de torens zijn deelauto's, -scooters en -fietsen aanwezig in de parkeergarage. Door het bouwvolume op te knippen in twee torens kunnen er meer hoekappartementen worden gerealiseerd en wordt minder daglicht weggenomen voor de onderste verdiepingen.

The Clubhouse consists of 144 co-living apartments, where the residents share all facilities, except for a bedroom with an ensuite bathroom. Shared cars, scooters and bicycles are available in the parking garage for all residents of the towers. By dividing the building volume into two towers, more corner apartments can be realized and less daylight is taken away from the lower floors.

about making raw materials more circular, and this includes household waste. Stacking housing and programme in towers does have an advantage: the vertical pipes are clustered in shafts, and bathrooms and kitchens are logically arranged in relation to these pipes. It is possible to separate more than paper and glass by also using these pipe shafts to separate VFG (vegetable, fruit and garden) waste. In South Korea and the US, food grinders have long been used. These are located in the sink and grind food waste into small pieces you can flush down the drain. Now, discharging to the sewer is not allowed in the Netherlands. The system is not designed for this, and it could lead to the sewage system 'rotting'. However, initial studies by Wageningen University suggest that grinding and then drying food-waste residues will at least leave biomass, which can even be used as compost. In new high-rise, incorporating this system is interesting because it saves space on the ground floor (this system takes up the space of a car and could even be located in the car park). This would allow the freed-up space to be used for interesting functions on the street side. Besides, it is also convenient. The bag will be about 80% lighter (organic waste is heavy), making lifting a bag of waste easier; it will also prevent drab from leaking during transport through the tower and lift to the waste container (this is why, for example, the carpeted floors in Montevideo was

hoogbouw is het inpassen van dit systeem interessant, omdat er ruimte wordt bespaard op de begane grond (dit systeem neemt de ruimte in van een auto en zou zelfs in de parkeergarage kunnen staan). Hierdoor kan de vrijgekomen ruimte worden gebruikt voor interessante functies aan de straatzijde. Daarnaast dient het ook het gemak. De zak wordt ongeveer 80% lichter (organisch afval is zwaar), waardoor het tillen van een zak afval makkelijker is; tevens wordt voorkomen dat er tijdens het transport door toren en lift naar de vuilcontainer drab kan lekken (hierom is bijvoorbeeld de vloerbedekking in Montevideo na oplevering vervangen door natuursteen).

Het is ook het mogelijk om ondergrondse perscontainers neer te zetten in plaats van de reguliere. Minder gewicht zorgt ervoor dat er meer in kan. De eerste testen met ondergrondse perscontainers in Hoek van Holland lieten zien dat één ondergrondse perscontainer ongeveer zes normale containers vervangt. Het afval dat uiteindelijk in de container verdwijnt is hiermee ook 'schoner' en daarmee beter te scheiden door de scheidingsmachine waar het huishoudelijk afval naartoe gaat. Dit systeem laat zien dat een kleine aanpassing kan zorgen voor een betere stad op ooghoogte, voor een mooiere buitenruimte zonder een batterij aan containers, dat afval wellicht zelfs geld oplevert en dat er ruim wordt voldaan aan de komende Europese circulariteitseisen als het om huishoudelijk afval gaat. Mogelijk nog interessanter is dat er onderzoek loopt of het ook bij

Hoogbouw in hout samengesteld op basis van prefab bouw elementen. -High-rise buildings in wood assembled with prefab building elements.

replaced with natural stone after completion).
It is also possible to place underground bins instead of the regular ones. Less weight means more can go in. Initial tests with underground compactor containers in Hoek van Holland showed that one underground compactor replaced about six normal containers. It also makes the waste that eventually disappears into the container 'cleaner', and therefore more separable by the separation machine where the household waste goes. This system shows that a small adjustment can make for a better city at eye level, for a more attractive outdoor space without a battery of containers, that waste can even make money, and that the upcoming European circularity requirements when it comes to household waste are amply met. Possibly even more interestingly, research is ongoing into whether it is possible to equip buildings with a more circular waste system in large-scale renovations as well.
The introduction of wooden structures in high-rise is also on the increase. In the Netherlands, Amsterdam's HAUT (73-metre hybrid wooden residential tower by Team V) and Tree House (140-metre, hybrid wooden building) are projects that combine high-rise with wooden construction. Broadly speaking, two types of timber buildings

grootschalige renovatie mogelijk is gebouwen te voorzien van een meer circulair afvalsysteem.

Ook de introductie van houten constructies in hoogbouw is bezig aan een opmars. In Nederland zijn in Amsterdam HAUT (73 meter hoge hybride houten woontoren van Team V) en in Tree House (140 meter, hybride houten gebouw) projecten die hoogbouw combineren met een houten constructie. Er zijn grofweg twee soorten houten gebouwen te onderscheiden: 100% houten gebouwen en hybride gebouwen. De laatste zijn houten gebouwen die voorzien zijn van een betonnen kern of die staal in de constructie gebruiken. Wat bouwen met hout lastig maakt is dat het niet dezelfde stevigheid geeft als beton. Voor hoge gebouwen is stevigheid essentieel om te blijven staan. Hoe hoger een gebouw wordt, hoe meer stevigheid er nodig is. Gebruik van staal en beton zal naast het gebruik van hout nog wel de

norm blijven de aankomende periode. Maar ook hier zijn nieuwe technieken in ontwikkeling die dit deels oplossen. Zo wordt er meestal gewerkt met CLT-hout (cross laminated timber, gelijmde en samengeperste houten platen en balken). De nieuwste hoge houten gebouwen gebruiken GLULAM als verlijmtechniek. Het voordeel hiervan is dat het als een soort zwaluw-staart verlijmd wordt en daardoor veel steviger is en

De 50 meter hoge woontoren SAWA op de Lloydpier in Rotterdam. The 50-metre-high SAWA residential tower on the Lloydpier in Rotterdam.

can be distinguished: 100% timber buildings and hybrid buildings. The latter are wooden buildings that have a concrete core or use steel in their construction. What makes building with wood complicated is that it does not provide the same strength as concrete. For tall buildings, sturdiness is essential to remain standing. The higher a building becomes, the more solidity is needed. Using steel and concrete, alongside wood, will still be the norm in the coming period. But again, new techniques are being developed that partly solve this issue. For instance, CLT timber (cross-laminated timber, glued and compressed wooden boards and beams) is mostly used. The latest tall timber buildings use GLULAM as a bonding technique. The advantage is that it is glued like a dovetail, making it much sturdier and therefore much more suitable for building higher. Another advantage of wood is that, if managed properly, it provides a continuous stream of CO_2-neutral building materials. In countries like Finland, a house grows every eight seconds. Norway was the first country to have its own legislation on forest management, which has since been followed by many countries. As an example of wood use and management, the Amsterdam tower HAUT uses just under 3,000 m^3 of wood from Austria, which regrows within hours. Another advantage of wood is that everything can be prefabricated. Because it is prefabricated, it can be made elsewhere and the components

dus veel geschikter om hoger te bouwen. Een ander voordeel van hout is dat het, mits goed beheerd, een continue stroom van CO_2-neutrale bouwmaterialen oplevert. In landen zoals Finland groeit elke acht seconden een woning. Noorwegen was het eerste land met een eigen wetgeving op bosmanagement, wat navolging heeft gekregen in tal van landen. Als voorbeeld van gebruik en beheer van hout gebruikt de Amsterdamse toren HAUT een kleine 3.000 m³ hout uit Oostenrijk, dat binnen enkele uren weer aangroeit. Een ander voordeel van hout is dat alles prefab te maken is. Doordat het prefab is, kan het ergens anders gemaakt worden en in delen op locatie in elkaar worden gezet. Met het bouwen in binnenstedelijke gebieden is dat een voordeel, omdat het geen groot bouwterrein vergt om het te assembleren. De kosten van houtbouw zijn echter nog steeds hoger dan die van reguliere materialen zoals beton en staal, maar daar staat tegenover dat het bouwen sneller gaat (en dus weer geld uitspaart).

Over de hele wereld worden torens gemaakt van hout en aan veel nieuwe plannen wordt gewerkt. Het meest spectaculaire gebouw waaraan wordt ontworpen, is

het project W350 in Tokio, een houten toren van maar liefst 350 meter hoog. Het houten gebouw heeft alleen stalen dwarsverbindingen die voor stevigheid en stabiliteit zorgen.

Hout en hoogbouw hebben een moeiza-me relatie met elkaar, maar er zijn ook

integratie van zonnepanelen in hoogbouwgevels.
Integrating solar panels into building façades.

assembled on site. This is an advantage when building in inner-city areas, as it does not require a large building site to assemble it. However, the cost of timber construction is still higher than that of standard materials such as concrete and steel, but on the other hand, construction is faster (and therefore saves money again).

All over the world, towers are being made of timber and many new plans are being worked on. The most spectacular building being designed is the W350 project in Tokyo, a wooden tower no less than 350 metres high. The timber building has only steel cross connections to provide strength and stability. Wood and high-rise have a difficult relationship with each other, but there are also advantages. The projects realized in recent years provide new knowledge and also show that timber high-rise is possible. Something that will accelerate this development is the forthcoming CO_2 tax on buildings. This taxes the materials used to construct a new building. Materials such as concrete and steel, which generate a great deal of CO_2 emissions during the production process, will be taxed at a higher rate. Reuse and bio-based materials (such as timber) will become a much more obvious option.

voordelen. De projecten die de afgelopen jaren zijn gerealiseerd, leveren nieuwe kennis op en laten daarnaast ook zien dat hoogbouw in hout kan. Wat deze ontwikkeling zal versnellen, is de CO_2-tax die aanstaande is op gebouwen. Hiermee worden de materialen die gebruikt zijn voor de constructie van een nieuw gebouw fiscaal belast. Materialen zoals beton en staal, die veel CO_2-uitstoot veroorzaken in het productieproces, zullen hoger worden belast. Hergebruik en biobased materialen (zoals hout) zullen veel meer voor de hand liggen.

Een andere trend die zich meer en meer manifesteert in hoogbouw betreft de manier waarop met de energiehuishouding wordt benaderd. In Nederland zijn er op dit vlak sinds 2021 nieuwe regels. Bij het aanvragen van een vergunning van een gebouw is het verplicht te voldoen aan de BENG-eisen, de indicatoren van Bijna Energieneutrale Gebouwen. Deze regels schrijven een maximaalverbruik per woning voor en een energieverbruik dat voor de helft uit hernieuwbare bronnen moet komen.

In Rotterdam ligt in een groot deel van de stad een uitgebreid warmtenet met restwarmte uit de haven. Maar in toenemende mate zie je ook bij hoogbouw andere manieren van energieopwekking. Je zou denken dat zonnepanelen op de gevel een goed idee zijn, zeker als het dakoppervlakte klein is. Op sommige gebouwen verschijnen

Voorbeeld van een geïntegreerd systeem voor zon- en windenergie. Sample of an integrated system that combines solar and wind energy.

Another trend increasingly evident in highrise concerns the way energy management is approached. In the Netherlands, there are new rules in this area since 2021. When applying for a building permit, it is mandatory to meet the BENG requirements: the indicators for nearly zero-energy buildings. These rules prescribe a maximum consumption per dwelling and an energy consumption where 50% must come from renewable sources.

In Rotterdam, a large part of the city has an extensive heat network with residual heat from the port. But increasingly you see other ways of generating energy, including in high-risewell. You would think that solar panels on the façade would be a good idea, especially if the roof area is small. On some buildings, solar panels are now appearing on the façade. For example, nearly 1,200 solar panels have been bolted onto a tower in Melbourne, generating more power when completed than the building will consume. And in The Hague, solar panels are being attached to the Lumière building (48 metres). The problem, however, is that power generation from solar panels slowly declines and the panels have to be replaced after 25 years. Because of management and maintenance costs, renovation in high-rise buildings is typically delayed for as long as possible. On the other hand, the returns from the solar panels are recouped sooner

TREEHOUSE | 2024 | Delftseplein | Architecture: PLP Architect: PLP Architecture | Woon- en kantoortoren van 130 meter hoog met 275 woningen en een totaal vloeroppervlak van 41.000 m² met o.a. een zaal voor 300 à 400 mensen. Residential and office tower of 130 metres in height with 275 homes and a total floor area of 41,000 m² including a space for 300 to 400 people - two residential towers of 100 and 70 metres in height with 342 non-controlled rental homes.

zonnepanelen nu aan de gevel. Zo zijn er op een toren in Melbourne bijna 1.200 zonnepanelen geschroefd, die na oplevering meer stroom opwekken dan dat het gebouw zal verbruiken. En in Den Haag worden aan het gebouw Lumière (48 meter) zonnepanelen bevestigd.

Probleem is wel dat de energieopwekking door zonnepanelen langzaam terugloopt en de panelen na 25 jaar moeten worden vervangen. Vanwege beheer- en onderhoudskosten wordt doorgaans juist zo lang mogelijk gewacht met renovatie bij hoogbouw. Daar staat tegenover dat de opbrengsten van de zonnepanelen eerder dan in 25 jaar zijn terugverdiend zijn. Een ander aspect is dat hoe hoger de gevel is, hoe meer maatregelen er moet worden genomen om ze beter vast te zetten vanwege de wind. Ook leveren zonnepanelen op het dak nog altijd meer rendement op dan op een verticaal vlak. Hoe dan ook, het gebruik van zonnepanelen in de gevels van hoogbouw is wel iets wat meer en meer terugkomt, voorbeelden daarvan zijn nieuwe projecten als Tree House en RISE.

Daarnaast is er ook nog windenergie en hoe hoger je komt, hoe meer wind er staat. Op bijvoorbeeld 100 meter hoogte waait het vele malen harder dan op straatniveau. Eden District op de Lloydpier en het Techniek College Rotterdam in de Prins Alexanderpolder hebben inmiddels een Powernest op hun gebouw en ook op andere plekken in Nederland wordt ermee getest. Een Powernest is een combinatie van windturbines en zonnepanelen. Het systeem werkt nagenoeg geruisloos en kan een gebouw van vijftien verdiepingen (ca. 50 meter hoog) volledig voorzien van eigen stroom. Voor hoogbouw kan het een uitkomst zijn, gezien de strengere eisen die de BENG-normering voorschrijft.

Tree House is geïnspireerd op het ecosysteem van een boom. Het gebouw functioneert als CO_2 opslag en loopt voorop door bouwen met hout, circulair bouwen door materiaalhergebruik, hemelwateropvang en innovaties op het gebied van energie. Aan de kant van CS komt een stadstribune en aan de zijde van Central Post een stadsparkje.

Tree House takes its inspiration from the ecosystem of a tree. The building functions as CO_2 storage and leads the way through construction with wood, circular construction through material reuse, rainwater collection and innovations in the field of energy. A city stand will be built on the Central Station side and a small city park on the Central Post side.

than in 25 years. Another aspect is that the higher the façade, the more measures need to be taken to secure it better because of the wind. Also, solar panels on the roof still yield more than on a vertical surface. Either way, the use of solar panels in the façades of high-rise buildings is something that is becoming more and more common, examples being new projects like Tree House and RISE.

There is also wind energy and the higher you go, the more wind there is. At a height of 100 metres, for example, the wind blows many times harder than at street level. Eden District on the Lloydpier and the Techniek College Rotterdam in Prins Alexanderpolder now have a Powernest on their buildings and other places in the Netherlands are also testing it. A Powernest is a combination of wind turbines and solar panels. The system operates almost silently and can fully power a 15-storey building (about 50 metres high). For high-rise it could be a godsend, given the stricter requirements of the BENG norms.

WAT KOST HOOG-BOUW? WHAT DOES HIGH-RISE COST?

Woon- en kantoortorens leken uit de grond te schieten in het afgelopen decennium. Maar hoe steekt het verdienmodel achter hoogbouw in elkaar? Is een toren bouwen relatief duur of juist goedkoop vergeleken bij een rijtjeshuis? Erik Faber is directeur van Fakton, een bureau voor financieel en strategisch advies en management in het ruimtelijk domein. In zijn kantoor met een prachtig uitzicht over de stad geeft hij een 'klein college' over de businesscase van hoogbouw.

Hoe ziet het financiële plaatje achter hoogbouw eruit? Als die vraag gesteld wordt, loopt Faber naar een flipover in de hoek van de ruimte. Hij schrijft onder elkaar een lijst van kostenposten op, met daarachter de percentages die ze innemen op de begroting van een actueel hoogbouw-project. Faber: 'Als je het hebt over een toren van ongeveer 70 meter hoog, dan zitten de kosten voor ongeveer 10 procent in de grond, 55 à 60 procent in de bouw, de bijkomende kosten zijn 16 à 18 procent, de algemene kosten 4 à 5 procent, de rente ongeveer 5 procent.' De post 'winst en risico' schat Faber tussen 6 en 10 procent, afhankelijk van de eigenaarsconstructie. Als een toren hoger dan 70 meter wordt, stijgen met name de bouwkosten, legt Faber uit: 'De algemene kosten stijgen ook, omdat het een complexer project wordt. Onder dat soort torens zit in percentages nauwelijks meer grondwaarde.'

In the past decade, residential and office towers seemed to shoot out of the ground. But what is the revenue model behind high-rise? Is building a tower relatively expensive or actually cheap compared to a terraced house? Erik Faber is a partner at Fakton, a bureau for financial and strategic advice and management in the spatial domain. In his office with a fantastic view over the city, he gives a 'mini-lecture' on the business case for high-rise.

What does the financial picture behind high-rise look like? When asked the question, Faber walks over to a flipchart in the corner of the room. He writes out a list of cost items under each other, followed by the percentages they occupy in the budget of a current high-rise project. Faber: 'If you're talking about a tower about 70 metres high, roughly 10% of the costs are in the land, 55 to 60% in construction, additional costs are 16 to 18%, overhead costs 4 to 5%, interest about 5%.' Faber estimates the 'benefits and financial risks' item at between 6 and 10%, depending on the ownership structure: owner-occupied and/or rental homes. If a tower goes higher than 70 metres, construction costs in particular increase, Faber explains. 'The overhead costs also rise because it will be a more complex project. For those kinds of towers,

Commerciële meters

Er lijkt een magische grens bij 70 meter hoogte te liggen; een omslagpunt in de manier waarop de kosten zijn opgebouwd. Wat snel duidelijk wordt in de uitleg van Faber: hoger bouwen is niet eenvoudigweg meer verdiepingen toevoegen. Veel regelgeving verandert boven die hoogte, bijvoorbeeld als het om brandveiligheid gaat. 'Maar de bruto-nettoverhouding wordt boven de 70 meter ook heel anders. Met bruto bedoel ik de vierkante meters die je bouwt, met netto bedoel ik de vierkante meters die je commercieel kunt maken: verkopen of verhuren. Hoger bouwen betekent dat je meer liften en trappenhuizen moet toevoegen, dat neemt allemaal ruimte in die niet verkocht of verhuurd kan worden. In de businesscase van hoogbouw wil je ongeveer 70 procent van het aantal vierkante meters dat je bouwt, kunnen vergelden. Hoe hoger je gaat, hoe verder je onder die 70 procent komt.'

Risico's en verwachtingen

Het mengen van functies in hoogbouw kan de bruto-nettoverhouding verder op scherp zetten, legt Faber uit: 'Als je, zoals bijvoorbeeld in de Rotterdamse Zalmhaventoren, bovenin nog andere functies gaat maken zoals een restaurant, dan hebben die ook aparte liften nodig. Een lift voor kantoren, een lift voor woningen, een lift voor het hotel, een lift voor het restaurant. Multifunctionaliteit is leuk en goed voor de levendigheid van een plek – een monotoon kantorengebied willen we niet meer – maar je moet het wel kunnen betalen en het kost veel geld.' Daar komt bij dat veel van de beleggingsfondsen die hoogbouwontwikkelingen financieren, tot nu toe monofunctioneel zijn. 'Ze vinden het ingewikkeld om meerdere functies in

there is hardly any land value left in the percentages.'

Commercial metres

There seems to be a magic limit at a height of 70 metres; it is a tipping point in the way costs are structured. What quickly becomes clear in Faber's explanation is that building higher is not simply adding more floors. Many regulations change above that height, for example when it concerns fire safety. 'But the gross-to-net ratio also becomes less favourable above 70 metres. By gross, I mean the square metres you build, and by net, the square metres you can make commercial: for sale or for rent. Building higher means you have to add more lifts and stairwells, which all take up space that cannot be sold or rented out. In the business case for high-rise, you want to get a return on about 70% of the square metres you build. The higher you go, the further you drop below that 70%.'

Risks and expectations

Mixing functions in high-rise buildings can put further strain on the gross-to-net ratio, explains Faber. 'If, as for instance in Rotterdam's Zalmhaventoren, you are going to have another function at the top, such as a restaurant, it also needs to be accessed with a separate lift. A lift for offices, a lift for the apartments, a lift for the hotel, and a lift for the restaurant. 'Multifunctionality is great and contributes significantly to the liveliness of a place – we don't want a monotonous office district anymore – but the business case is complex.' On top of that, many of the investment funds financing high-rise

een fonds te hebben. Die functies hebben andere risico's, andere rendementsverwachtingen. Maar ik denk dat er 'mixed funds' gaan komen, want de stad wil ook multifunctionele gebouwen. En ik denk dat er 'impact funds' komen, fondsen die maatschappelijk beleggen en die weer gefinancierd worden door pensioenfondsen. Die hebben voor hun jaarverslag een maatschappelijke betrokkenheid nodig. Daarmee wordt hopelijk een bijdrage geleverd aan bijvoorbeeld de bouw van sociale woningen in woontorens.'

Inspiratie over de grenzen

Wie wil bouwen in Nederland krijgt de komende jaren met flinke uitdagingen te maken, aldus Faber: 'De bouwkosten zijn op dit moment een post die misschien wel naar 65 of 70% is doorslaat. Dat wordt alleen nog maar hoger doordat de lonen stijgen. Maar ook zaken zoals de oorlog in Oekraïne veroorzaken schaarste, die alleen nog maar groter zal worden zodra het land weer opgebouwd gaat worden. Het levert een hele complexe verstedelijkingsopgave in Nederland op. Om de groei van de binnenstad door te laten gaan, moet er een goede list komen.' Faber kijkt graag naar het buitenland om inspiratie op te doen voor een dergelijke 'list'. Bijvoorbeeld naar Londen, waar de gemeentelijke vervoersorganisatie Transport for London infrastructuur aanlegt met geld dat deels uit woningontwikkelingen afgedragen wordt. 'In Nederland zou het zo mooi zijn als NS Vastgoed op ov-knooppunten vastgoed gaat ontwikkelen, waarmee geld vrijkomt om weer in infrastructuur te investeren. Dat er in ieder geval een koppeling komt, zoals je in Londen ziet. Maar ook in Hongkong doen ze zoiets. Daar is de metro onder de torens zelfs

developments have so far been monofunctional. 'They find it complicated to have multiple functions in a fund. Those functions involve different risks, and different expectations of returns. But I think that 'mixed funds' are going to emerge, because the city wants multifunctional buildings as well. To ensure the affordability of these buildings, I welcome the emergence of 'impact funds'. These are funds that want to invest socially, and are in turn financed by pension funds. Acting in line with the ESG framework is becoming increasingly important for them with regard to the shareholders. This will hopefully contribute to the construction of social housing in residential towers, for example.'

Inspiration from across the border

Those looking to build in the Netherlands will face considerable challenges in the coming years, according to Faber. 'The production costs of buildings were already under pressure due to various additional climate, energy and mobility costs. The CO_2 tax and ever-rising labour costs are not going to help in the time ahead. But things like the war in Ukraine are also causing scarcity, which will only get worse once the country starts rebuilding. It presents a very complex urbanization challenge in the Netherlands. For the growth of the city centre to continue, a good tactic needs to be devised.' Faber likes to look abroad for inspiration for such a 'tactic'. To London, for instance, where the municipal transport organization Transport for London is building infrastructure with money that is partly derived from housing developments. 'In the Netherlands, it would be marvellous

onderdeel van de fundering ervan. Om hoog te kunnen blijven bouwen, moeten we geldstromen gaan mengen, business-cases combineren. Kijken naar het buitenland is belangrijk om in Nederland door te kunnen bouwen.'

Hufterproof haalbaarheid

Naast een internationaal georiënteerde blik, pleit Faber voor realisme in de verdichtings- en hoogbouwvisies van overheden: 'Pragmatisch omgaan met bouwkosten en de factoren van invloed. Versplintering in de politiek en wensdenken dragen daar niet aan bij. Om het betaalbaar te houden moeten we realistisch zijn. We gaan ook niet alle klimaatdoelstellingen in de gehele Nederlandse woningvoorraad gereali-seerd krijgen voor 2030, daar hebben we de krachten niet voor. Doelstellingen zijn goed, maar je komt vaak toch lager uit. Haalbaarheid moet je ook in het oog houden. Een stad moet een soort hufterproof model aanbieden, waardoor die kan blijven doorgroeien, ook als de verschillende omstandigheden niet meezitten. Als de stad alleen kan groeien bij lage rente, als het geld goedkoop is, dan werkt het niet.'

if NS Vastgoed were to develop prop-erty at public-transport hubs, freeing up money to invest in infrastructure again. So there would at least be a link, as you see in London. They are also doing something similar in Hong Kong. There, the metro under the towers is even part of their foundations. To keep building high, we need to start mixing money flows, and combining business cases. Looking abroad is important to continue building in the Netherlands.'

Tamper-proof feasibility

In addition to an internationally oriented perspective, Faber argues for realism in the densification and high-rise visions of authorities. 'A pragmatic approach to construction costs and the factors of influence is needed. Growing wishful thinking by fragmentary politics does not contribute to the situation. To keep it affordable, we must be realistic. Faber: 'I am sceptical about whether we will achieve all the 2030 energy and climate targets for the entire Dutch housing stock; simply put, we do not have the people or the resources for that. Don't get me wrong – the objectives are good, because it is of paramount importance that our cities remain liveable. So, despite the issue of costs, we need to offer some kind of tamper-proof model, which allows cities to grow responsibly even when the various conditions are not favourable. If the city can only grow when interest rates are low, when money is cheap, then it will not work.'

LUMIERE TOWER | start 2024 | Hoek Lijnbaan/Korte Lijnbaan | Architect: Kaan architecten | Woontoren van 130 meter hoog met 416 woningen, hotel met 182 kamers, maatschappelijke voorzieningen en gemeenschappelijke ruimtes. Residential tower of 150 metres in height with 416 apartments, a hotel with 182 rooms, social programme and collective areas.

Bijdrage aan een aantrekkelijke en dynamische stad

Op de site van de Rotterdam Partners, het bureau voor de marketing en promotie van de stad, staat het volgende:

'Rotterdam is een jonge, dynamische wereldstad die zichzelf in hoog tempo blijft vernieuwen. Atypisch in eigen land, internationaal befaamd om onze vernieuwingsdrift en ongepolijste charme. Of het nu gaat om de steeds veranderende skyline vol gedurfde architectuur, onze haven die geldt als slimste ter wereld, of de can-do mentaliteit van de bewoners.'

Hoogbouw zit in het DNA van Rotterdam. Rotterdammers zijn trots op de skyline en de architectuur van de stad. De hoogbouwgeschiedenis van Rotterdam begon 125 jaar geleden met het Witte Huis en de stad heeft nu meer dan 65 gebouwen boven de 70 meter. In elke periode was er echter wel kritiek op hoogbouw. Enerzijds omdat hoogbouw nieuw was en zich onttrok aan de bestaande bebouwing in hoogte of, zoals bij de Bergpolderflat, in zowel hoogte als materiaalgebruik. De belangrijkste redenen om tegen hoogbouw te zijn waren belemmering van uitzicht, schaduwhinder door afname van zon en daglicht, en toename van windhinder. Interessant is dat de hoogte zelf niet meer leidt tot grote verontwaardiging, zoals die ontstond bij bijvoorbeeld de bouw van de Medische Faculteit. Hoogbouw heeft Rotterdam op kaart gezet als een moderne stad – geholpen door een modernistische stadsplattegrond waar hoogbouw een logisch vervolg was van het bouwen

NAWOORD
EPILOGUE

Contribution to an attractive and dynamic city

On the website of Rotterdam Partners, the agency for marketing and promotion of the city, you can read the following:

Rotterdam is a young, dynamic metropolis that is continuously reinventing itself at a rapid pace. Atypical in our own country, internationally renowned for our innovative drive and down-to-earth charm. Whether it is the ever-changing skyline full of bold architecture, our port, considered the smartest in the world, or the can-do mentality of the residents.'

High-rise is in Rotterdam's DNA. Rotterdammers are proud of the city's skyline and architecture. Rotterdam's high-rise history began 125 years ago with the Witte Huis and the city now has more than 65 buildings over 70 metres. In every period, however, there was criticism of high-rise. On the one hand, because high-rise buildings were new and stood out from existing buildings in terms of height or, as in the case of the Bergpolderflat, in both height and materials. The main reasons for being against high-rise were obstruction of the view, shadow nuisance due to reduction of sunlight and daylight, and an increase in wind nuisance. Interestingly, the height itself no longer causes great outrage, as it did with the construction of the Medical Faculty, for example. High-rise put Rotterdam on the map as a modern city – helped by a modernist city plan where high-rise buildings were a logical extension of developing the city further. New knowledge has ensured that with clear ground rules for high-rise, the main objections can be addressed at the front end.

aan de stad. Nieuwe kennis heeft ervoor gezorgd dat met heldere spelregels voor het hoog bouwen de voornaamste bezwaren aan de voorkant kunnen worden weggenomen.

Maar hoogbouw is ook een verhaal van vallen en opstaan. Een nieuwe typologie is er ook een van proberen en testen. Niet alles wat in het verleden is gemaakt, is vanuit huidige inzichten geslaagd te noemen. Kennis over hoogbouw is in de afgelopen decennia ontwikkeld met hulp van specialisten en door ervaringen uit andere steden. Waar in de jaren 1990 van de vorige eeuw nog overwegend in buitenlandse steden werd bestudeerd hoe hoogbouw gemaakt moest worden, weten we nu dat niet alles klakkeloos te kopiëren is. Het fijnmazige netwerk van stadsblokken in Rotterdam (en op andere plekken in Europa) is niet altijd geschikt voor de buitenlandse voorbeelden. De winst van de afgelopen decennia zit toch vooral in het feit dat er een constante internationale dialoog is geweest tussen stedelijke overheden en architecten om tot betere inzichten te komen. Niet voor niets heeft hoogbouw als enige een jaarlijks terugkerend symposium in Nederland, in tegenstelling tot alle andere woontypologieën.

De ontwikkeling van hoogbouw is ook een ontwikkeling in innovatie. Innovatie in materialen, bouwfysica en windkennis, om maar enkele belangrijke gebieden te noemen. Waar we in 1920 nog twijfelden of betonnen heipalen echt een goed idee waren voor de Van Nellefabriek, zijn we nu aan het kijken, testen en bouwen of hout wel een goed idee is voor hoogbouw. Waar de computer langzaam zijn intrede deed eind jaren 1980 in de Nederlandse huishoudens, was de introductie

But high-rise is also a story of trial and error. A new typology is also one of trying and testing. Not everything made in the past can be called successful from today's point of view. Knowledge about high-rise has been developed in recent decades with the help of specialists and from experiences in other cities. Whereas in the 1990s how to make high-rise was still predominantly studied in foreign cities, we now know that not everything can be copied blindly. The intricate network of city blocks in Rotterdam (and in other places in Europe) is not always suitable for the examples abroad. The gains of the past decades lie mainly in the fact that there has been constant international dialogue between urban authorities and architects to reach better insights. It is perfectly understandable that high-rise buildings are the only ones to have an annual symposium in the Netherlands, unlike all other residential typologies.

The development of high-rise is also a development in innovation. Innovation in materials, building physics and wind knowledge, to name just a few key areas. Whereas in 1920 we still doubted whether concrete piles were really a good idea for the Van Nelle factory, now we are looking, testing and building to see whether timber is a good idea for high-rise. While the computer slowly made its appearance in Dutch households in the late 1980s, its introduction into the design process was not until the late 1990s. As a result, some of the complexities associated with high-rise have been partly resolved. These days, tall buildings are designed with BIM (a three-dimensional, digital model of a structure), where numerous specialists,

van de computer in het ontwerpproces pas eind jaren 1990. Dit heeft er toe geleid
dat de complexiteit die samenhangt met hoogbouw voor een deel werd opgelost.
Inmiddels worden hoge gebouwen met BIM (een driedimensionaal, digitaal model
van een constructie) ontworpen, waar tal van specialisten, architecten en aanne-
mers in dezelfde tekening aan het werk kunnen zijn. Ook kunnen we op basis van
gps-onderzoek veel beter vaststellen hoe de stad wordt gebruikt. We kunnen hierop anticiperen door plekken aan te wijzen waar zon en weinig wind belangrijk
zijn voor de verblijfsfunctie, en hiermee de schaarse openbare ruimte beschermen
tegen ongewenste zon- en windhinder. Ook wordt gps in verschillende studies
meer en meer gebruikt om complexe modellen te testen.
Hoogbouw is nadrukkelijk geen vereiste om een hoogstedelijk gebied te maken.
Steden als Parijs laten zien dat blokken met zeven- tot achtlaagse blokken prima
hoge dichtheden opleveren. Om dit te behalen met deze appartementenbouw
hebben ze indertijd wel de halve stad moeten slopen. Hoogbouw is een interessante typologie voor steden waar de stadsblokken klein zijn en er sprake is van
nabijgelegen hoogwaardig openbaar vervoer. Het onderzoek dat de gemeente
Rotterdam samen met Doepel Strijkers, TNO, Laplab en DRIFT heeft gemaakt
voor de 5e IABR toonde aan dat er behoorlijk wat ruimte is in de binnenstad
om woningen toe te voegen. Meer dan de helft hiervan was in hoogbouw. In het
algemeen laten verdichtingsstudies zien dat er dus genoeg ruimte hiervoor is in
de bestaande stad. Architectenbureau KAW heeft dit inzichtelijk gemaakt in de
studie 'Ruimte zat voor de stad' en ook het College van Rijksadviseurs heeft met

architects and contractors can be working in the same drawing. We can also
determine much better how the city is being used, based on GPS studies. We can
anticipate this by designating places where sun and low wind are important for the
function of lingering, and in so doing protecting scarce public space from unwanted
sun and wind nuisance. GPS is also increasingly being used in various studies to test
complex models.
High-rise is emphatically not a requirement to make a metropolitan area. Cities such
as Paris demonstrate that blocks with seven to eight-storey buildings produce excel-
lent high densities. To achieve this with this building of apartments, they did have
to demolish half the city at the time. High-rise is an interesting typology for cities
where city blocks are small and there is high-quality public transport nearby. The
study that the municipality of Rotterdam carried out together with Doepel Strijkers,
TNO, Laplab and DRIFT for the 5th IABR showed that there is considerable space in
the city centre to add housing. More than half of this was in high-rise. In general,
densification studies show that there is therefore sufficient room for this in the
existing city. Architectural firm KAW has provided insight into this aspect in its study
'Ruimte zat voor de stad (Plenty of room for the city)' and the Board of Government
Advisors, with its historical study on densification in the Netherlands, has also
shown that focusing on improving quality by densifying existing neighbourhoods
leads to a greater supply of housing.

zijn historisch onderzoek naar verdichting in Nederland aangetoond dat het inzetten op kwaliteitsverbetering door verdichten van bestaande buurten leidt tot meer woningaanbod.

Het bouwen van alleen meer woningen is niet genoeg. Net als in de Rotterdamse binnenstad betekent verdichten ook vergroenen én zorgen dat er genoeg maatschappelijke en culturele functies zijn om ook de nieuwe bewoners te bedienen. Door het verdichten van hoogstedelijke gebieden is nabijheid belangrijker dan bereikbaarheid. In de eerder beschreven vijftienminutenstad, als uitgangspunt om tot een meer levendige en gezondere stad te komen, ligt hoger bouwen meer voor de hand dan de bouw van de volgende uitbreidingswijk aan de randen van de stad.

Projecten als Little C en Lloydpier en de transformatie van Katendrecht laten zien dat er naast hoogbouw best andere manieren zijn om tot meer woningen en werkruimtes te komen in een stad als Rotterdam. Hoogbouw is niet het verlossende antwoord op het verdichtingsvraagstuk van de stad. Maar op de juiste plek en onder de juiste voorwaarden kan een toren wel degelijk een bijdrage leveren aan het vormgeven aan een steeds compacter wordende stad.

Beeld van de Rotterdamse stadsas (Coolsingel, Erasmusbrug, Postumalaan) met alle nieuwe hoogbouwinitiatieven. View of Rotterdam's central boulevard (Coolsingel, Erasmus Bridge, Posthumalaan) including all the new high-rise projects.

Just building more homes is not enough. Just like in Rotterdam city centre, densification also means greening and ensuring there are enough social and cultural functions to serve the new residents as well. The densification of metropolitan areas makes proximity more important than accessibility. In the 15-minute city described earlier, as a starting point to achieve a livelier and healthier city, building higher is a more natural approach than building the next expansion district on the edges of the city.

Projects like Little C and Lloydpier and the transformation of Katendrecht show that there are quite a few ways besides high-rise to achieve more housing and workspaces in a city like Rotterdam. High-rise is not the redeeming response to the city's task of densification. But in the right place and under the right conditions, a tower can certainly contribute to shaping an increasingly compact city.

Colofon / Credits

Tekst | Text: Emiel Arends - *Tekstredactie | Copy editing:* Els Brinkman - *Interviews:* Fay van der Wall
Vertaling | Translation: Christine Gardner - *Design & image editing:* Yvo Zijlstra - Antenna Men
Druk | Printing: die Keure - *Uitgever | Publisher:* Marcel Witvoet, nai010 uitgevers/publishers
Speciale dank | special thanks: Martin Aarts, Lora Nicalaou, Heidi van der Meij, Arjen Knoester,
Veere Arends, Platform Wederopbouw Rotterdam.

Over de auteur: Emiel Arends is stedenbouwkundige en planoloog bij de gemeente Rotterdam en is in deze rol al bijna 25 jaar werkzaam aan hoogbouw. Hij is de schrijver van de laatste twee hoogbouwvisies van de stad en co-auteur van de plintenstrategie voor de binnenstad. Naast zijn werkzaamheden bij de gemeente Rotterdam ook geeft hij ook les op de Hogeschool Rotterdam en recentelijk ook werkzaam als adviseur en lid supervisieteam op de Zuidas in Amsterdam. Daarnaast schrijft hij regelmatig artikelen over hoogbouw, verdichting en de stad op ooghoogte, ook is hij te beluisteren in een aantal podcasts over de stad en hoogbouw.

About the author: Emiel Arends is an urban designer and planner for the City of Rotterdam and has worked for almost 25 years on high-rise projects. He is the author of the last 2 high-rise visions of the city and co-author of the 'city at eye level' policy for the city. He is also a part-time lecturer at the Rotterdam University of Applied Sciences and recently started at the Zuidas in Amsterdam as an advisor and member of the supervision team. He has published articles about high-rise, densification and the city at eye level and he can also be heard in a number of podcasts about the city and high-rise.

Afbeeldingen / images: cover: Sebastian van Damme / p 2, 10 - Jeroen van Dam / p 4 - Emiel Mögle / p 8, 16, 18, 20, 22, 23, 26, 27, 28, 29, 30, 42, 46 50, 60, 66 - Stadsarchief Rotterdam / p 14, 15, 21, 45, 53, 69, 82, 84, 88, 89, 90, 95, 96, 114, 146, 148 - Wikimedia / p 35 - Erick Fecken / p 38, 64, 134, 141, 142, 184 - Jeroen van Dam / p 52, 58, 59, 118, 119, 157, 122, 136, 147, achterzijde rechts - Gemeente Rotterdam / p 55 - KCAP / p 56 - Frans Blok, Alamy / p 61 - DGEW / p 62, 99, 102, 117, 129 - Peter Schmidt / p 68 - Guilhem Vellut / p 72, 76 - Voll Architekter / p 75 - Rocket&Tigrelli / p 78, 92, 108, 123, 164, achterzijde omslag links - Joep Boute / p 83, 86, 87, 151, 174 - Emiel Arends / p 93 - TNO / p 94 - Mecanoo architecten / p 101 - Eric Fischer / p 70, 107, 132, 111 - Jeroen Kleiberg / p 110 - Juurlink + Geluk / p 113 - MVRDV / p 120 - architecten Cie / p 126 - Barcode Architects / p 128 - RET / p 153 - Urby / p 154, 160, 163 - Van Bergen Kolpa / p 156 - Flickr / p 162 - Laurens Boodt / p 166 - Forbes Massie Studio Courtesy of ODA / p 168 - Jan van der Ploeg / p 175 - (Trudo): Stefano Boeri Architetti / p 176 - Team CV / p 179 - Mei architecten / p 181 - Powernest / p 182 - OLP architects / p 190, 197 - Powerhouse / p 198 - ANP

Deze publicatie kwam mede tot stand dankzij een bijdrage van:
This publication was made possible, in part, by:

Gemeente Rotterdam

dutch council on tall buildings

stichting hoogbouw

nai010 uitgevers is een internationaal georiënteerde uitgever, gespecialiseerd in het ontwikkelen, produceren en distribueren van boeken op het gebied van architectuur, stedenbouw, kunst en design. www.nai010.com - nai010 publishers is an internationally orientated publisher specialized in developing, producing and distributing books in the fields of architecture, urbanism, art and design. www.nai010.com / nai010 books are available internationally at selected bookstores and from the following distribution partners: North, Central and South America - Artbook | D.A.P., New York, USA, dap@dapinc.com. Rest of the world - Idea Books, Amsterdam, the Netherlands, idea@ideabooks.nl For general questions, please contact nai010 publishers directly at sales@nai010.com or visit our website www.nai010.com for further information. Printed and bound in Belgium.

ISBN 978-94-6208-799-6 - NUR 648 / BISAC ARC000000, ARC010000 / THEMA AM